KB117034

커넥팅

커넥팅

1판 1쇄 발행 2024. 2. 19.
1판 2쇄 발행 2024. 3. 15.

지은이 신수정

발행인 박강휘
편집 고정용 디자인 박주희 마케팅 백선미 홍보 이한솔
본문 일러스트 최혜진
발행처 김영사
등록 1979년 5월 17일(제406-2003-036호)
주소 경기도 파주시 문발로 197(문발동) 우편번호 10881
전화 마케팅부 031) 955-3100, 편집부 031) 955-3200 | 팩스 031) 955-3111

저작권자 © 신수정, 2024
이 책은 저작권법에 의해 보호를 받는 저작물이므로
저자와 출판사의 허락 없이 내용의 일부를 인용하거나 발췌하는 것을 금합니다.

값은 뒤표지에 있습니다.
ISBN 978-89-349-6514-5 03320

홈페이지 www.gimmyoung.com   블로그 blog.naver.com/gybook
인스타그램 instagram.com/gimmyoung 이메일 bestbook@gimmyoung.com

좋은 독자가 좋은 책을 만듭니다.
김영사는 독자 여러분의 의견에 항상 귀 기울이고 있습니다.

CONNECTING

일의 길을 찾는 당신을 위한
커리어 포트폴리오 전략

커넥팅

신수정

김영사

2부   커리어 포트폴리오 전략 ━━━━

3부   커리어 포트폴리오를 강화하는 역량과 태도

계획하거나 원한 것은 아니었지만 나는 다양한 커리어 여정을 걸었다. 첫 직장이었던 글로벌 IT 기업에서는 마침 그 회사에 다니던 지인의 권유로 운 좋게 입사하게 되어 엔지니어로 일했다. 이런 기업에서 첫 직장 생활을 하게 된 것은 행운이었다. 그 회사에서 선진 기업의 시스템과 문화를 배웠다.

이후 박사 공부를 하기 위해 잠시 직장을 떠났다가 두 번째 직장인 대기업에 들어갔다. 근무 기간은 짧았지만 사업본부장의 인정을 받아 리더의 책임을 맡게 되었다. 그때 나를 인정해준 사업본부장에게서 같이 창업해보자는 권유를 받아 3명이 의기투합해 만들었던 것이 세 번째 직장이었다. 이후 그 회사가 코스닥 상장사에 인수되어, 네 번째 직장을 만났다. 그다음으로 인터넷 창업 붐에 따라 만들어진 IT 기업에 합류한 것이 다섯 번째였다. 여기에서는 처음 50명 정도였던 직원 수가 800여 명까지 늘어나고, 수십억 원짜리 비즈니스가 수천억 원짜리로 급속히 성장하는 과정을 경험하면서 CEO의 역할을 했다. 그다음 여섯 번째는 성숙한 대기업에서의 근무가 이어졌다. 여기에서는 더 나아가 수천 명의 직원과 몇조 원 규모의 사업을 책임지게 되었다.

여섯 번의 커리어 변화 경험을 통해 스타트업, 중견기업, 글로벌 기업, 대기업 등 다양한 문화와 환경을 접할 수 있었다. 여러 환경에서 생존하고 성장했던 경험을 통해 회사에서 일하는 것의 본질적 공통점을 발견할 수 있었을 뿐 아니라 규모와 업종에 따라 다른 문화와 시스템, 게임의 룰 또한 이해하게 되었다.

비슷한 회사처럼 보이더라도, 규모와 단계, 업종별로 다른 게임의 룰이 돌아간다. 스타트업, 중견기업, 대기업, 글로벌 기업에서 통하는 룰은 매우 차이가 있다. 한쪽에서 다른 쪽으로 이동하는 일은 마치 야구 선수가 축구 선수단에 들어가는 것과 유사할 정도다. 그럼에도 여전히 기업으로서 추구하는 공통점도 있다.

몇 해 전 〈하버드 비즈니스 리뷰〉에서 '왜 커리어 패스가 아니라 커리어 포트폴리오를 만들어야 하는가'라는 주제의 기사를 읽으면서 '아하' 하는 생각을 했다. 다양한 커리어 경험을 한 분들도 있겠지만, 대개 국내 직장인들은 지금까지 직선적이고 단일한 커리어 경로를 밟아왔다. 한두 회사 또는 단일 업종에서 마치 사다리를 오르듯 차근차근 더 큰 책임과 승진으로 향하는 모습이었다. 직장 생활에서 자신의 역량과 책임 그리고 소득을 높이는 방법은 승진 외에는 거의 없었다.

그러나 세상은 바뀌고 있다. 기업의 수명은 점점 짧아지고 있다. 반면 인간의 수명은 점점 길어지고 있다. '평생 직장'이라는 개념도 점점 희미해지고 있다. 기술 변화 또한 매우 빠르게 진행되고 있다. 업종별로 변화의 속도 차이는 있겠지만 이제는 입사 초기에 익힌 기술로 평생을 지탱하기 어렵다. 앞으로는 프로 축구단 선수처럼 이직이 잦은 직장 생활을 해야 할 가능성이 높다. 수명이 늘면서 퇴임 후에도 또 다른 커리어를 만들어야 할 필요도 늘어나고 있다. AI나 로봇들과 같이 일해야 하는 시대도 다가오고 있다. 이러한 시대에 어떻게 자신의 커리어를 만들어나가야 할까?

'커리어 포트폴리오'란 자신의 다양한 경험과 역량을 계발해 펼쳐놓고 어떤 커리어가 필요할 때마다 이를 유연하게 연결하고connecting, 조합하는 것을 의미한다. 다양한 경험에서 쌓은 역량, 강점, 역할 등을 '빌딩 블록building block'처럼 보유하면서 필요에 따라 이 블록을 조합해서 대응하는 것이다. 스티브 잡스가 말한 점 연결하기connecting dots의 개념과 일맥상통한다. 또한 이제는 '얼마나 알고 있는가?' 보다는 '얼마나 빠르게 학습할 수 있는가?' '자신의 경험과 역량을 연결하여 변화에 얼마나 유연하게 대응할 수 있는가?'가 더 중요해진다. 그러므로, 앞으로는 더욱 다양한 역량과 역할을 경험하고 학습하면서 어떤 변화가 나타나도 이를 연결, 조합하고 학습하며 대응하는 능력이 점점 요구된다.

커리어 포트폴리오의 시대, 나의 다양한 경험과 고민, 통찰이 많은 직장인에게 도움을 줄 수 있다는 생각을 했다. 물론 나보다 훨씬 더 다양한 경험을 하신 분들도 많겠으나, 나는 이러한 경험을 하는 데 그치지 않고 조직 생활을 할 때마다 이를 세밀하게 관찰하고 학습하며 기록했다. 이 책은 이러한 경험과 통찰의 기록들을 정리한 결과물이다.

1부에서는 '커리어란 무엇인지' '세상이 어떻게 변화하고 이에 따라 어떠한 커리어 전략이 필요한지' '앞으로 커리어를 어떻게 구축해야 할지' 등 전반적인 커리어 이해와 트렌드를 다룬다. 이를 본격적으로 언급하기 전에 먼저 '회사는 어떤 인재를 원하는지' '연봉이란 어떻게 결정되고 수입을 높이려면 어떻게 해야 할지'에 대해서 이야기한다. 개개인의 커리어를 이해하기 전에 회사의 메커니즘 또한 이해할 필요가 있다.

2부에서는 커리어 설계 방법과 실제적인 커리어 전략을 기록했다. 커리어 포트폴리오를 구축하는 데 필요한 커리어 목적과 가치, 경험 블록, 강점과 역량 블록, 역할 블록이 무엇인지 살펴본다. 그리고 이러한 블록을 기반으로 어떻게 연결하여 커리어 계획을 수립할지에 대한 방법론을 소개한다. 또한 재능을 발견하는 법, 대기업·글로벌 기업·중소기업 그리고 창업에서의 커리어 전략, 자신을 커리어를 확장하고 표현하는 법, 커리어를 선택하고 이동하는 데 필요한 실제적인 전략을 다룬다.

3부에서는 성공적인 커리어를 구축하기 위해 필요한 다양한 역량과 태도에 대해서 다룬다. 아무리 뛰어난 계획과 전략이 있어도 기반 역량과 마인드셋이 갖추어지지 않으면 성공적인 커리어를 구축하기 어렵다. 이를 위해 '어떤 역량을 쌓을지' '어떻게 학습하고 실행해야 할지' '어떤 태도를 가져야 할지'를 다룬다.

나는 커리어란 '여정'이라 생각한다. 그런데 이 여정에 두 가지가 필요하다. 하나는 '목적'이다. 커리어는 목적 없이 그냥 걷는 것이 아니고, 자신만의 미션과 목적을 향해 가는 여정이다. 미션 또는 목적은 사람마다 다르다. 사실 '성공적인 커리어'에 정답은 없다. 다른 사람들이 좋다고 말하는 커리어가 자신에게도 무조건 훌륭한 커리어가 될 수 없다. 성공이란 자신이 규정하는 것이다. 목적이라는 북극성을 향해 이를 성취하면서 가는 것이 성공이다. 세상에 북극성은 하나지만, 커리어 영역에서는 사람마다 자신의 북극성을 가진다. 어떤 사람에게는 '가족'이, 어떤 사람에게는 '영향력'이, 어떤 사람에게는 '명예'가 북극성이 될 수 있다. 당신의 북극성은 무엇인가?

또 하나는 '자유'다. 많은 사람이 커리어를 '부' 또는 '소득'과 연결시킨다. 그러면 부의 본질은 무엇일까? 부의 본질은 자유다. 자유란 '선택할 수 있는 힘'이다. 자신이 원하는 것을 선택할 수 있는 힘, 자신이 함께하고 싶지 않은 사람과 억지로 일하지 않는 것을 선택할 수 있는 힘이다. 먹고살기 위해 불의나 부정과 타협하지 않고 당당함을 선택할 수 있는 힘이다.

그러므로 나는 커리어를 이렇게 정의하고 싶다. "커리어란 미션을 성취하고 자유를 추구하는 여정이다." 이 여정 가운데 핵심 중 하나가 '연결connecting'이다. 이 여정에는 즐거움만 있는 것은 아니다. 비탈도 있고 돌덩이도 똥 덩이도 있다. 고민도 고통도 슬픔도 있을 것이다. 그러나 삶의 아름다움은 이 모든 것들이 연결되어 만들어진다. 단 하나의 경험도 불필요하고 쓸모없는 것이 없다는 것이다. 나는 독자들이 이 책의 지혜와 통찰을 통해 성장하고, 성공적인 커리어를 쌓고, 높은 소득 또한 얻기 바란다. 그러나 무엇보다도 커리어 여정 속에서 자신이 뜻하는 바를 이루어나가고 자유를 누리길 원한다. 때로 후회, 좌절, 고난, 고통이 있을지라도 무소의 뿔처럼 뚜벅뚜벅 걸어가길 원한다. 이를 통해 당신이 떠나는 날, 사람들이 당신으로 인해 이 세상이 더 좋아졌다고 말할 수 있다면 좋겠다.

2024년 2월
신수정

1부

커리어 이해하기

CONNECTING

커리어 패스란 대개 단일 경로다.
마치 사다리 오르듯 한 단계씩
더 큰 책임과 승진으로 향하는
모습이다. 이에 반해
커리어 포트폴리오란
자신의 다양한 역량과 경험을
횡으로 계발해 펼쳐놓고
특정 커리어가 필요할 때 이들을
유연하게 조합하는 것을 의미한다.
자신의 포트폴리오를 활용해
변화하는 상황에 유연하게
대응하는 것이다.

커리어의 현실

1

예측대로
이루어지지 않는다

"앞으로 저의 커리어 계획을 어떻게 세워야 할까요?" 많은 젊은 직장인들이 묻는다. 스탠퍼드대학교의 존 크럼볼츠 교수는 수많은 비즈니스맨의 진로를 추적 조사했다. 그 결과를 보면 성공한 사람 가운데 계획에 따라 성공한 경우는 20% 정도에 불과했다. 80%는 우연히 발생한 일이나 예기치 않게 만난 사람을 통해 성공에 이르렀다. 그러므로 커리어는 정교한 목표와 계획보다는 대개 우연한 사건으로 이루어진다고 볼 수 있다. 이에 관련해 나는 이런 표현을 쓴다.

커리어 변화 = 트리거 × 외적 우연

트리거trigger란 계기를 만드는 사건이다. 현재 회사 생활이 즐겁고 영원할 것 같았는데 승진에 실패한다든지, 상사가 자신을 괴롭힌다든지, 뛰어난 성과를 거두었음에도 회사에서 인정받지 못한다든지, 자신의 조직이 해체될 상황이라든지, 집안 사정으로 재정적 필요가 갑자기 증가했다든지 등의 계기가 되는 사건이 일어나는 것이다. 그러면 일정 기간 취약해지고 흔들리게 마련이다.

이때 헤드헌터의 연락, 친한 선배의 창업 제안, 평소 알던 사람의 이직 제안, 창업 기회 등 '외적 우연'이 나타나면 행동이 이루어진다. 평소 요청을 받았을 때 전혀 마음이 없었다 해도 트리거가 발생하면 상황이 달라진다.

나의 커리어를 돌아보아도 그러하다.

창업 계획이 전혀 없었지만 무언가 도전이 필요하다고 생각할 때, 나를 인정해준 상사의 창업 제안에 대기업을 나와서 같이 창업했다. 이직 고민을 약간 하고 있을 때에는, 어떤 회사의 경영 관리 본부장이 찾아와 나를 설득하고 밤새도록 한잔하며 의기투합한 덕에 그 회사로 옮겼다. 또, 한 회사에서 승승장구해 평생 근무하겠다고 결심했지만 어떤 사유로 열정을 잃었을 때 헤드헌터가 우연히 보낸 이메일에 응답한 후 커리어가 바뀌기도 했다.

약간의 고민이나 갈등이 있을 때 우연히 발생한 일이나 예기치 않게 만난 사람 덕에 커리어가 바뀐 것이다. 나뿐 아니라 많은 사람이 그러할 것이다.

그러면 자신의 미래를 모두 우연에 맡기라는 것인가? 행운은 어느 날 갑자기 오는 것인가? 그렇지 않다. 크럼볼츠 교수는 '계획된 우연planned happenstance'이라는 표현을 쓴다. 그는 성공한 사람들의 성공에는 행운이 큰 비율을 차지하지만 행운이 그냥 오는 게 아니라 행운을 부르는 다섯 가지 요인이 작용한 결과라고 주장한다. 사실은 행운도 누구에게 갈지 계획되어 있다는 것이다.

행운을 부르는 다섯 가지 요인은 호기심, 낙관성, 끈기, 융통성, 위험 감수다. 이러한 태도를 유지할 때 행운을 잡아채고 불운을 극복할 확률이 높아진다는 것이다. 커리어에서도 이 다섯 가지 태도가 중요하다. 당신은 이것들을 갖추고 있는가?

커리어가 예측대로 움직이는 것이 아니라면 목표와 계획은 필요 없을까? 그렇지 않다. 인생은 계획대로 정교하게 돌아가지 않지만 미션과 목표, 계획은 필요하다. 다만 그 미션과 목표를 이루어가는 길은 우연이 개입하고 예측하기 어렵다. 시행착오도 있고 고단한 축적의 시기도 있다. 무언가 잘 안 풀릴 수도 있고 속도가 느릴 수도 있다. 그러나 뜻이 분명하다면 그 과정을 받아들이고 나아가 즐길 수도 있다.

계획 자체보다 계획을 세우는 과정이 중요하다. 계획을 세우려 하면 생각을 하게 되고 그것을 정리하고 가시화하는 과정을 거친다. 계획을 이루어나가려는 노력은 하되 계획대로 안 될 수도 있음을 인정하라.

뜻을 세우고 계획을 세우자. 그러나 계획대로 안 돼도 실망할 필요는 없다. 호기심, 낙관성, 끈기, 융통성, 위험 감수의 태도로 다양한 가능성을 실험해보며 주위 사람들에게 베풀고 여러 사람을 만나자. 그러다 보면 우연한 일이나 예기치 않은 귀인이 여러분을 인도할 가능성이 높다. 그에 맞게 계획을 조정하면 된다.

앞으로는 계획보다 실험이, 지도보다 나침반이 더 중요한 시대가 될 것이다. 이러한 관점이 당신의 커리어 설계와 커리어 여정의 첫걸음을 인도해줄 것이다.

2

연봉은 어떻게 결정될까?
: 산업과 업계의 관점

'커리어'라고 하면 '연봉' '급여'를 먼저 떠올리는 사람이 많다. 당연히 커리어에 있어서 연봉은 중요 요소이므로 이를 먼저 살펴보자. 더 높은 급여를 받기 위해 필요한 요소가 무엇인지 세 가지 관점(산업과 업계, 직무, 역량과 전문성)에서 각각 제시해보고자 한다.

한 대기업의 40대 직장인이 이런 말을 한다. "같은 대학을 졸업하고 동기들과 동일하게 그룹에 입사했습니다. 이후 저는 정말 열심히 노력했고 그 덕분에 빠르게 승진했습니다. 그런데 별로 애쓰지 않고 다니는 다른 회사의 제 동기는 저보다 연봉과 보너스가 훨씬 높더군요. 우리 회사는 항상 위기의식에 가득한데 그곳은 널널해요. 억울합니다."

나는 집에 별로 신경 쓰지 않았다. 아파트에도 관심이 없었다. 그냥 부모님이 사셨던 강북의 어느 곳에 집을 얻어 살았고 이사도 그 주변에서 했다. 내가 집을 살 당시에는 강남이나 분당이나 가격이 거의 차이 나지 않았다. 그러나 시간이 흐른 지금, 우리 나이 또래 사람들의 부의 차이는 어떻게 결정되었을까? 흥미롭게도 '얼마나 회사에서 잘나갔는가?'가 아니라 '어디에 집을 샀는가?'에 따라 결정되었다고 해도 지나치지 않은 상황이 되었다.

직장 연봉 또한 유사하다. 많은 직장인이 잘 모르는 사실이 있는데 그것은 자신이 첫 직장을 선택하는 순간 자신의 평생 연봉 대략치의 50% 이상이 결정된다는 사실이다. 물론 나도 몰랐다.

연봉은 자신의 재능과 노력만으로 결정되는 것이 아니다. 그것은 대략 30% 이하를 차지할 것이다. 나는 배구 선수 김연경의 연봉을 알고 깜짝 놀랐다. 김연경은 100년에 한번 나올까 말까 한 뛰어난 선수라고 한다. 언론에 공개된 것에 따르면, 김연경은 세계 남녀 배구 통틀어 연봉 최고 금액인 20억 원 정도를 받았다고 한다. 물론 큰 금액이라고 생각하는 사람도 있을 것이다. 하지만 호날두의 연봉은 현재 기준 20억 유로(약 2,700억 원)이고 세계 10위권 내 스포츠 선수의 연봉은 대개 1,000억 원이 넘는 것을 고려하면 터무니없이 낮은 금액이다(전 세계 10위는 축구 3명, 농구 3명, 권투 1명, 골프 2명, 테니스 1명). 연봉이 10분의

1도 아닌 100분의 1이다. 여기에 광고 수입 등을 고려하면 격차는 더 벌어질 것이다.

김연경이 다른 스포츠 선수보다 재능이나 노력이 모자랄까? 그럴 리 없다. 그녀가 그렇게 낮은 연봉을 받은 이유는 단순하다. 그녀가 속한 업종의 구조에 한계가 있기 때문이다. 업종 자체가 인기가 낮고 돈을 많이 벌 수 있는 구조가 아니기에 거기에서 아무리 잘해도 받을 수 있는 연봉은 한계가 있는 것이다.

그러므로 산업이나 업계의 구조가 자신의 연봉을 한계 짓는다는 것을 기억하라. 인건비로 겨우 이익을 내는 기업이 많은 서비스업계에 있으면 아무리 뛰어나도 연봉 상승 폭은 크지 않다. 낮은 마진을 내는 제조·유통업체에 근무하면서 높은 연봉을 기대하는 것 또한 쉽지 않다. 반면 높은 이익을 내는 테크, 금융 기업 등은 적은 수의 인력으로 높은 부가가치를 창출할 수 있기에 상대적으로 높은 연봉을 제공한다.

물론 산업이나 업계의 이익 구조가 영원히 지속되는 것은 아니다. 예를 들어 과거 최고의 높은 이익과 주가로 높은 연봉을 지불할 수 있었던 통신 회사 등의 지불 수준이 상대적으로 낮아진 것 등이 그 예다.

그러므로 여러분이 연봉을 고려한다면 다음과 같은 사항을 고려해야 한다. 내가 속한 산업과 업계의 구조가 높은 연봉을 지불할 수 있는 구조인가? 업계 전망은 어떠한가? 연봉이 높아질 수 있는 구조인가? 낮아질 수 있는 구조인가? 그냥 이대로 지속될 구조인가?

여러분이 연봉 관점에서 이직을 고려한다면 비슷한 산업의 비슷한 업계로 이직하는 것은 그리 큰 메리트가 없음을 기억하라. 여러분을 영입하는 기업이 당장 높은 연봉을 준다고 해도 그것은 일시적이다. 비슷한 산업의 비슷한 업계라면 이직할 때 높은 연봉을 제공하는 것은 당장의 필요에 따른 것일 뿐이다. 이동한 후 연봉 상승은 최소화될 것이다. 또 당신이 제대로 성과를 내지 못한다면 회사는 부담을 느끼게 될 것이다.

연봉을 점프업하려면 어떻게 해야 할까? 구조적으로 연봉을 더 줄 수 있는 업종으로 이동해야 한다.

같은 업종에 있을 수밖에 없다면, 연봉이 높은 희소 직무(새로운 테크 직무 등)로 변환한다. 이는 비인기 과목 의사들이 성형외과나 피부과로 이동하는 것과 유사하다.

그러나 당신이 기존 회사에서 쌓은 역량과 전문성을 넘어 다른 도메인으로 옮기기는 쉽지 않을 것이다. B2B 회사에 다니던 사람이 B2C로 가기 어려울 것이고, 제조사에 다니던 사람이 금융사로 이동하기는 쉽지 않을 것이다. 건설 회사 출신이 테크 회사로 이동하기 쉽지 않을 것이다. 인사를 담당하던 사람이 개발을 하기도 쉽지 않고, 총무를 하던 사람이 마케팅을 하기도 쉽지 않을 것이다. 첫 번째 회사와 직무가 미래 연봉의 대부분을 결정한다는 것이 그리 틀린 말이 아니라는 것이다. 그

렇다고 늦은 것은 아니다. 여러분이 이 글을 읽고 구조를 이해
했다면 새로운 전략을 세워라. 어차피 직장 생활을 몇 년 하고
말 것은 아니기 때문이다.

3

연봉은 어떻게 결정될까?

: 직무의 관점

예전에 한 국책은행의 경비원 연봉이 1억 원이 넘는다는 이야기가 이슈가 된 적이 있다. 그 경비원은 정규직이었던 것이다. 이슈가 된 후 해당 회사는 해당 직무를 아웃소싱했고 연봉은 2,000만~3,000만 원 수준으로 하향되었다. 이에 대해 "수십 년간 해당 직무에서 열심히 일해왔는데 그 정도 연봉을 받지 못하는 것이 말이 안 된다" "'노동의 대가'를 인정받지 못하는 나라다" 등의 분노가 들끓었던 기억이 난다.

그러나 자본주의 사회의 기업에서 '노동의 차이' '직무의 차이'는 분명하다. 무슨 일을 하든 '열심히'만 하면 높은 연봉을 받을 수 있는 것이 아니라는 의미다. 앞에서 연봉에 가장 큰 영향을 주는 것은 '산업과 업계의 구조'라고 언급했다. 이번에는 두 번째로 큰 영향을 주는 요소인 '직무'에 대해 말하고자 한다.

당신이 어떤 직무를 선택하는가에 따라 연봉의 폭이 결정된다. "노동에 무슨 차이가 있는가?" "직무에 무슨 차이가 있는가?"라는 항변은 비즈니스업계에서는 통하지 않는다. 노동에는 분명히 차이가 있다. 의사나 변호사의 1시간 노동의 대가와 패스트푸드점 아르바이트생의 1시간 노동의 대가, 유명인과 무명인의 1시간 강의의 대가에는 엄청난 차이가 있을 수밖에 없다. 설령 패스트푸드점 아르바이트생이 더 고생하고 노력하더라도 그 구조를 바꿀 수 없다.

그러므로 어떤 직무를 선택하는가가 당신 연봉의 상승 한계 upside를 결정한다는 것을 기억하라. 기업에 입사한 신입 사원은 대개 어느 부서에 배치되든 동일한 연봉을 받을 것이다. 그러나 시간이 지날수록 편차가 생긴다. 물론 아직까지 국내 기업에서는 보통 '직무에 따른 연봉 차이'를 크게 두지 않지만, 앞으로 이 차이는 심화될 것이다.

이미 투자회사, 영업이나 성과 중심의 회사 등에서의 직무 간 상승 한계 차이가 매우 크다. 엄청난 투자 성과를 창출할 수 있는 직무에 있는 구성원이 인사, 회계, IT, 총무 직무를 담당하는 구성원과 유사한 연봉을 받는다면 과연 유능한 사람이 그 직무를 수행하려 하겠는가? 당연히 그 조직의 활력은 떨어질 수밖에 없고, 가치를 크게 창출할 수 있는 유능한 사람들은 다른 곳으로 이동할 것이다. 획기적인 서비스를 개발해낼 수 있는 테크 기업 개발자가 다른 직무와 유사하게 연공서열로 연봉을 받는다면 누가 그 조직에 있으려 하겠는가?

그럼 어떤 직무의 상승 한계가 높을까? 답은 단순하다. 앞에서 말한 대로 직접적 가치를 더 많이 창출하며 희소성이 있는 직무다. 희소성이란 수요보다 공급이 적다는 것이다. 뚜렷한 가치를 창출하지 않고 누구나 할 수 있는 직무의 연봉 상승은 제한될 수밖에 없고, 점점 아웃소싱될 것이다. 다음 질문에 답해보라.

가치 창출: 당신의 직무가 회사의 현재 또는 미래의 주가·매출·이익·고객 확보 등의 창출에 직접적으로 기여하고 있는가? 다른 직무보다 더 크게 창출하는가?

희소성: 당신의 직무는 누가 대체해도 상관없는가? 당신의 직무가 아웃소싱을 해도 회사가 돌아가는 데 지장이 없는 직무인가?

결국 연봉을 점프업하는 비결은 연봉 상승 한계가 큰 직무를 선택하는 것이다. 최근 비인기과를 담당하는 의사들이 성형외과나 피부과 기술을 배운다는 이야기를 들었다. 물론 비인기과에서도 특출하게 잘해서 큰 수입을 올리는 사람이 있겠지만 평균적으로는 높은 수입을 얻을 확률이 낮다. 수입 관점에서만 보면, 더 직접적인 가치를 창출하고 공급보다 수요가 많은 희소한 영역으로 옮기는 것은 합리적인 선택일 수 있다.

그러면 직무의 가치가 절대적이라는 뜻일까? 그렇지는 않다. 동일한 인사 업무라도 ① 시스템이 완전히 세팅되어 인사 업무가 일상적인 회사에서의 인사 업무 ② 인사 업무가 매우 중요한 성장 중인 테크 회사에서의 인사 업무에 대한 직무의 가치는 차이가 있을 것이다. 또 인사 전문가라도 ① 일반 기업에 소속되어 있는가? 아니면 ② 글로벌 일류 인사 전문 서비스 기업에 소속되어 있는가에 따라 가치에 차이가 있다. 여러분이 아무리 뛰어나고 외부에서 인정받는 인사 전문가라도 인사 시스템이 세팅된 대기업 중 한 부서의 일반 직원에 불과하다면 몸값을 제대로 인정받을 수 없다. 그러나 여러분이 일류 컨설팅 기업에 소속되어 있거나 인사 업무가 매우 중요한, 급속하게 성장 중인 스타트업에서 인사 책임을 맡는다면 가치가 달라질 것이다.

경영자의 직무 또한 상승 한계가 높다. 어떤 영역을 맡든 C 레벨(각 부문별 최고책임자로 CEO, COO, CFO 등 기업의 경영진)이 되면 몸값이 크게 상승한다. 물론 업종에 따라 직원이 더 높은 연봉을 받는 경우도 있지만(영업 중심 기업이나 투자업 등), 대부분의 경우 높은 연봉은 C 레벨 임원들이 독차지한다. 그러므로 경영진 직무 또한 자신의 연봉을 높이는 방법 중 하나다.

그러므로 연봉을 점프업하려면 당신의 직무를 더 필요로 하는 곳, 당신이 담당한 직무의 가치를 더 인정해주는 곳으로 이동하는 것도 좋은 방법이다. 앞서 이야기한 바와 같이 산업구조까지 좋은 곳으로 이동한다면 가장 좋다. 현 직무에서 최대한 역량을 길러 해당 부서의 임원으로 승진하는 방법도 있다.

아예 직무를 과감히 변경하는 것도 훌륭한 전략이다. 나의 첫 직장은 미국 회사 HP의 한국 지사였다. 1990년대에는 IBM과 HP가 전 세계에서 제일 좋은 IT 기업이라 여겨졌다. 그 당시 회사에서 비서직을 많이 뽑았는데 보통 국내 유명 대학 영문과 출신이었다. 이들은 임원 또는 부서의 비서로 자료도 만들고 업무도 서포트했다. 비서직임에도 최고의 인력이 모인 이유는 그 당시 한국 사회에서 워라밸이 보장되면서 연봉도 그 정도로 높은 곳이 거의 없었기 때문이다. 시간이 지나면서 똑똑한 인력은 대개 마케팅직이나 HR로 이동했다. 이후 만났을 때 그들 중 상당수가 글로벌 회사의 마케팅이나 인사 책임자가 되어 있었다. 만일 그들이 원래의 직을 계속 유지했다면 어땠을까? 당연히 대우나 커리어의 한계에 직면했을 것이다.

그러므로 과감히 상승 한계가 높은 직무로 이동하는 것 또한 전략적으로 필요하다. 물론 이를 위해서는 노력이 필요하다. 예를 들어 자신이 10년 차인데 새로운 직무로 옮긴다면 그곳에서는 1년 차가 되는 것이기 때문이다. 다행인 것은 과거 쌓아놓은 10년 차 경력이 절대 무의미하지 않다는 사실이다. 시간이 지나면 과거에 쌓아둔 경력 또한 훌륭한 포트폴리오 역할을 할 것이다.

4

연봉은 어떻게 결정될까?
: 역량과 전문성의 관점

앞에서 연봉을 결정하는 두 가지 핵심 요소에 대해 이야기했다.

산업과 기업의 구조
직무의 가치

이제 남은 것은 당신의 역량과 전문성이다. 누군가 자신의 역량과 전문성, 노력만으로 연봉을 올릴 수 있다고 생각한다면 그것은 매우 순진한 생각이다. 당신이 산업의 구조가 좋은 회사에서 직무 가치가 높은 일을 한다면 사실 그리 노력하지 않아도 높은 연봉을 받을 수 있다. 이는 마치 고속 열차에 타고 있는 것과 같다. 어떤 사람은 완행열차를 타고 가고, 어떤 사람은 일반 열차를 타고 가고 있다. 완행열차나 일반 열차에서 아무리 뛰어도 당신을 따라가기 어렵다.

그러므로 적정한 타이밍에 고속 열차를 타는 것은 커리어에서 가장 중요하다. 그런데 여기에서 조심할 것이 있다. 하나는 고속 열차가 얼마나 지속될지 모른다는 것이다. 초기에는 고속 열차였지만 시간이 지나면서 속도가 더 빠른 초고속 열차가 나타나 당신이 타고 있는 열차가 그저 그런 열차로 전락할 수도 있다. 그러므로 고속 열차를 타고 있다는 것에 만족하는 것은 위험하다.

또 한 가지는 고속 열차를 타고 있다는 것이 당신 자신이 빨리 달리는 것을 의미하는 것은 아니라는 사실이다. 고속 열차를 타고 있는 많은 사람들은 자신이 빨리 달리고 있다고 착각한다. 그러나 어떤 사람은 그저 그 열차 안에 붙어 있는 경우도 있다.

한번 고속 열차에 타면 웬만해서는 내리지 않는다. 그 때문에 자신의 실력을 키우지 않는 경우가 많다. 물론 그 회사에 정년까지 다닐 수 있다면 괜찮을지도 모른다. 그러나 회사의 수명이 점점 짧아지고 있으며, 탄탄해 보이던 회사도 언제 무슨 일이 발생할지 모른다. 만일 당신이 고속 기차에서 내리게 되거나 다른 열차로 갈아타야 할 상황이 된다면 어떤 일이 발생할까?

당신의 진짜 실력은 기차에서 내리게 되었을 때 무엇을 할 수 있는가에 달려 있다. 그러므로 당신이 어떤 열차에 타고 있든 실력을 기르는 것이 중요하다.

실력이란 무엇일까? 나는 '역량과 전문성'이라 말하고 싶다. 역량이란 공통적인 '기본기'를 말하고 전문성은 특정 분야의 스킬을 말한다. '전문성'뿐 아니라 '역량'이 중요한 이유는 역량은 '잠재적 능력'을 포함하고 있기 때문이다. '전문성'은 특정한 환경에서만 진가를 발휘하지만 '역량'은 환경이 달라져도 진가를 발휘한다. 공부로 비유하자면 '전문성'은 국어, 수학, 영어 등 특정 과목을 잘하는 것을 의미하고 '역량'은 공부하는 법 자체를 알고 있는 것을 의미한다. 공부하는 법을 숙달한 학생은 새로운 과목을 대해도 남들보다 빠르고 효과적으로 학습한다. 개인의 커리어 과정은 대개 하나의 전문성만으로 유지되지 않는다. 새로운 전문성과 역할이 기다리고 있는 경우가 대부분이다. 그러므로 두 가지 모두 필요하다.

얼마 전 한 임원에게 들은 이야기다. 두 지역이 있었다. 한 지역은 성과가 좋고 다른 지역은 좋지 않았다. 성과가 좋은 지역의 팀장은 그 지역을 완전히 장악했다. 그 지역 고객들의 필요를 잘 알고 있었고 고객들과의 관계도 좋았다. 이 임원은 성과가 좋지 않은 지역을 살리고 싶어 했다. 그래서 성과가 좋은 지역의 팀장을 그곳으로 이동시킬 아이디어를 생각해보았다. 그런데 고민이 되었다. 잘하고 있는 지역의 팀장을 이동시킨다고 부진한 지역이 잘될까? 오히려 그동안 팀장이 쌓아왔던 그 지역에서의 전문성을 허물어버리는 것은 아닐까? 고민 끝에 그 팀장과 상의한 후 임원은 그를 성과가 좋지 않은 지역으로 보냈다.

성과가 좋지 않은 지역은 그 팀장이 연고가 없는 곳이었다. 모든 것을 새로 시작해야 했는데 흥미로운 일이 일어났다. 그 지역 또한 점점 성과가 나타나기 시작했다. 결국 그 팀장에게는 변화를 만들고 성과를 만드는 방법론이 있었던 것이다. 명시적으로 무엇인지 알기는 어려웠지만 무엇인가가 있었다. 그런 것이 바로 역량이다. 역량이 있는 사람은 자신이 접해보지 못한 환경에서도 변화와 가치를 만들어낸다. 그리고 자신이 전문성이 부족한 환경에서도 빠른 학습 능력으로 문제의 본질을 찾아내 해결한다.

그러므로 커리어에서 역량의 힘은 전문성만큼 매우 중요하다. 어떤 업무를 맡든 공통적으로 활용할 수 있는 역량은 어떤 것이 있을까?

논리적 사고와 기획 역량

문제 해결 역량

학습 역량

협상 역량

커뮤니케이션 역량

정리 역량

제안서, 보고서 작성 역량

리더십 역량

자신의 커리어를 발전시키고 높은 연봉을 받길 원한다면 전문성과 역량을 모두 쌓을 필요가 있다. 전문성과 역량을 기반으로 트렌드에 맞는 열차를 갈아타는 것이 몸값을 극대화하는 비결이다.

다시 한번 정리하면 당신의 수입 또는 연봉은 세 가지 요소로 결정된다.

수입 또는 연봉 = f(산업과 기업의 구조, 직무의 가치, 개인의 역량과 전문성)

자, 이제 어떻게 수입의 상승 한계를 높일지 전략을 세워보라.

⑤

수입을 극대화하는
또 하나의 전략

앞에서 연봉의 법칙에 대해 말했다. 연봉은 세 가지로 결정된다.

산업과 기업의 구조

직무의 가치

개인의 역량과 전문성

연봉을 더 받으려면 다음의 전략이 필요하다고 했다.

연봉을 많이 줄 수 있는 구조를 지닌 산업과 기업으로 간다.

연봉의 상승 한계가 높은 직무를 선택한다.

자신의 역량과 전문성을 통해 희소성을 유지한다.

그러나 앞의 내용은 '직장인' 관점에서 본 것이다. 사실 수입을 극대화하려면 직장인에 그쳐서는 안 된다. '자본가'가 되어야 한다. 물론 직장인으로서도 일에서 보람도 얻고 최고의 수입을 올리는 경우도 있다. 최고 기업의 CEO나 C 레벨 경영자가 되면 높은 연봉, 보너스, 스톡옵션 등을 통해 부를 얻을 수도 있다. 얼마 전 S 기업의 CEO 출신이 책을 내며 "다른 재테크 신경 쓰지 않고, 직장에만 최선을 다해도 나처럼 부자가 될 수 있다"는 말을 했다. 직장에 최선을 다하는 것은 프로로서 당연히 필요한 덕목이다. 그러나 최선을 다한다고 그분처럼 부자가 되는 것은 아니다. 그 같은 커리어를 이루는 것은 확률적으로 쉽지 않다.

직장인에게 또 하나의 이슈는 '세금'이다. 생각 외로 세금이 수입에 엄청난 영향을 미친다. 연봉이 1억 원을 넘으면 약 50%가 세금이라고 생각하면 된다. 연봉이나 보너스가 몇억이라 할지라도 그것이 통장으로 다 들어오지 않는다는 뜻이다. 그러므로 여러분이 고생해서 이곳저곳을 옮겨 다니며 연봉을 올려봤자 그것을 모아 큰 부자가 되기는 어렵다.

그러므로 '부'의 관점에서만 보면 연봉에만 모든 능력과 열정을 쏟아붓는 것은 그리 합리적이지 않다.

그러면 어떻게 해야 할까? "회사 일을 대충 하고 부동산이나 주식, 코인을 하라는 말씀입니까?"라고 물을 수 있다. 당연히 그렇지 않다. 회사 일을 열심히 해야 한다. 사람은 돈만으로 사는 것은 아니기 때문이다. 회사 일을 통해 성장하고 직위도 높아지면서 성취감과 보람을 느끼게 된다. 돈이 많아도 사회나 직장에 기여하지 못하면 인정받기 어렵다. 회사에서 자신의 역량을 극대화하고 더 좋은 기회를 찾아가고 더 높은 직위로 오르면서 폭넓은 책임을 질 필요가 있다.

그러나 자본주의 사회에서 궁극적으로 수입을 극대화하는 방법은 누군가에게 고용되는 것이 아니다. 스스로 자본가가 되는 것이다. 스스로 자본가가 되는 첫 번째 방법은 자신이 회사를 차리는 것이다. 여러분이 훌륭한 대학을 나오고 똑똑하고 잘나가서 대기업 임원이 되어도 연봉은 몇억 원 수준이다. 여기에서 세금을 떼면 큰 부를 이루기 쉽지 않다. 그러나 100억 정도 기업의 오너가 된다면 지분만 해도 수십억의 자산가가 된다. 내가 아는 벤처 회사 대표들은 대개 최소 100억 이상 자산을 보유하고 있다. 이들은 대기업 대리에게도 머리를 숙이기도 하지만 대기업 CEO보다 부자다. 물론 창업이란 매우 험난한 길이고 성공할 확률 또한 높지 않다. 그러나 대기업 임원이 될 정도의 지력을 갖추고 노력을 쏟는다면 충분히 가능할 것이다.

그러나 창업에는 엄청난 리스크가 따른다. 실패할 확률이 매우 높다. 그런데 희소식이 있다. 창업을 하지 않더라도 자본가가 되는 길이 있다는 사실이다. 바로 주식을 사는 것이다. 당신이 정말 가고 싶었는데 받아주지 않은 회사가 있는가? 당신이 그 회사에 가봤자 회사 오너와 CEO 아래서 일하는 수많은 구성원 중 하나일 뿐이다. 여러분이 구글에 다닌다고 해도 그 회사 오너나 주주를 위해 일하고, 상사의 눈치를 보는 수만 명의 직원 중 하나에 불과할 뿐이다. 그러나 당신이 그 회사의 주식을 사는 것은 다르다. 그 회사의 오너, CEO와 직원이 당신을 위해 일한다는 의미와 같다.

그러므로 주식 투자의 관점을 바꿔라. 단순하게 차익을 얻는 투기의 관점이 아니라 그 회사의 주인이 된다는 관점으로 접근하라. 당신이 정말 가고 싶었는데 받아주지 않는 기업의 주식을 사면 그 회사에 가지 않아도 그곳의 주인이 된다. 사실 당신이 그 회사에 간다고 해서 정말로 회사 주인이 되는 것이 아니다. 자신이 다니는 회사가 유망하다면 협상을 통해 회사의 주식을 부여받는 것도 좋은 방법이다. 많은 직장인이 눈에 보이는 당장의 현금을 원하는데 이는 짧은 소견이다. 물론 회사 사정이 좋지 않아 주식을 날릴 수도 있다. 그러나 그렇지 않다면 일정 규모를 획득하라.

자본주의 사회에서 진짜 부는 '자본가'의 역할에서 나온다. 그러므로 연봉이나 보너스에만 목숨을 걸지 마라. 회사를 차려 자본가가 되거나, 회사에 투자해 자본가가 되어라. 물론 당신은 회사에 있을 동안 최선을 다해 일을 해야 할 책임과 의무가 있다. 그 속에서 성장하면서 회사를 윈win하게 해야 한다. 동시에 회사는 당신을 영원히 지켜주지 않음을 기억하라. 당신의 회사가 좋고 전망도 괜찮다면 회사 주식을 사라. 그렇지 않다면 당신이 가고 싶은 회사의 주식을 사라. 당신이 주인이요 자본가가 될 수 있는 기회를 놓치지 마라.

커리어의 메커니즘

직장 생활에는
어떤 의미가 있을까?

지금까지 수입(연봉)이란 무엇인지, 그것이 어떻게 결정되는지, 연봉 외에도 어떻게 자신의 수입을 극대화할 수 있는지에 대해 이야기했다.

저자를 아는 여러 독자는 당혹스러울 수 있다. 커리어에 대한 순수하고 진지한 접근을 기대하고 책을 접했는데 너무 현실적인 이야기로 시작했기 때문이다. 그러나 순수함과 진정성 또한 현실과 자본주의 구조에 대한 냉철한 이해에서 출발한다고 생각하기에 여러분이 인생의 대부분을 몸담을 회사와 그 구조에 대해 냉정하게 이야기한 것이다.

그러면 직장 생활에서 가장 큰 의미가 있는 것이 연봉이나 복지일까? 당연히 그렇지 않다.

나는 미국의 심리학자 매슬로의 욕구 5단계 피라미드가 부처님 손바닥 같다고 생각한다. 인간을 움직이는 모든 요소가 이 피라미드 안에 있다. 인간은 당연히 기본적으로 생존 욕구(1단계)에 의해 움직인다. 더 잘 먹고 편하고 안전하게 살기 위해(2단계) 회사에서 일한다. 이 단계에서는 금전적 보상 외에는 다른 동기가 없을지도 모른다. 그러나 기본적인 생존과 안전 욕구가 채워지면 더 높은 동기를 갈망한다. 관계의 욕구(3단계), 인정과 존경의 욕구(4단계), 자아실현의 욕구(5단계)가 생기는 것이다.

사실 일터는 이러한 욕구를 모두 충족시켜줄 수 있는 훌륭한 장소다. 만일 당신이 일터를 돈을 벌기 위해 어쩔 수 없이 다녀야 하는 곳으로 생각한다면 나머지 혜택을 모두 잃게 된다. 그러면 기본적인 생존과 안전 욕구 충족 외에, 일터에서 얻을 수 있는 가치는 어떤 것이 있을까?

첫째, 배움과 성장을 경험하게 된다. 직장에서 대하는 일은 대부분 우리의 능력을 요구한다. 각자 자신의 능력을 활용해 일을 해내게 된다. 또 커리어를 변경하거나 승진할 때 새로운 책임이나 확장된 책임을 감당하게 된다. 너무 쉬운 일은 인간에게 의미를 부여하지 못한다. 물론 감당할 수 없을 정도로 큰 책임 또한 스트레스로 다가온다. 그러나 적절한 책임과 어려움은 스스로를 성장케 한다. 하나하나 배우고 해결함으로써 보람을 느끼게 된다. 직장은 바로 이러한 경험을 제공하는 가장 좋은 곳이다.

얼마 전 한 분이 내게 질문했다. "언제 퇴사를 고려하시나
요?" 지난 시간을 돌이켜 보면 퇴사를 고려했던 가장 큰 이유
중 하나는 '더 이상 배울 것, 도전할 것, 성장할 것이 없을 때'였
던 것 같다. 더 이상 배우고 도전하며 성장할 것이 없을 때 직장
생활이 무료해지며 의미를 찾기 어렵다. 직장은 이런 면에서
의미를 준다. 자신이 성장하고 더 큰 일을 감당하고 가치가 높
아지며 이를 인정받는 것은 그 어떤 것보다 큰 즐거움이며 의
미다.

둘째, 팀워크를 경험하게 되고 관계의 욕구를 충족시킨다.
혼자 일하는 일터는 많지 않다. 대부분의 일터에서는 다양한
사람들과 같이 일하며 공동 목표를 달성한다. 물론 '관계'는 큰
스트레스가 되기도 한다. 특히 내향적인 사람에게는 더욱 그러
하다. 그러나 혼자 살 수 있는 사람은 없다. 함께함으로써 힘을
얻는다. 서로 사랑을 느끼고 인정하고 인정받음으로써 삶의 보
람을 느낀다. 그리고 혼자 이루는 것보다 함께 성과를 내면서
더 큰 성취를 경험한다. 일터를 통해 우리는 커뮤니케이션하는
법, 리딩 leading하는 법, 임파워 empower하는 법, 같이 일하는 법
을 배운다. 또 서로 지지하고 격려하고 인정하고 인정받으면서
팀워크와 동료애 또한 경험한다. 그런 의미에서 직장은 관계에
대한 인간의 욕구를 상당 부분 채울 수 있는 곳이다.

셋째, 세상에 영향을 미치고 공헌하는 것을 경험할 수 있다.

자신의 일을 통해 회사가 가치를 만들고, 고객이나 사회에 영향을 주는 것을 경험할 수 있다. 가치를 창출하지 못하는 기업은 지속될 수 없다. 그러므로 모든 직업은 가치를 창출한다. 인간은 사람을 돕고 영향력을 미침으로써 존재 의미를 느낀다.

인간이 동물과 다른 것은 단순히 먹고 번식하는 것만 추구하지 않는다는 것이다. 인간은 삶의 의미를 스스로 창출할 수 있다. 그 의미는 대개 잘 먹고 잘 사는 것을 초월한다. 어떤 이는 성장과 도전에서, 어떤 이는 관계에서, 어떤 이는 남들을 돕고 세상에 영향력을 미치는 데서 삶의 의미를 찾는다.

직장은 이러한 의미를 실현하기에 좋은 장이다. 물론 자신이 추구하는 삶의 의미와 다른 환경의 직장도 있을 수 있다. 지루한 루틴을 반복해야 하고, 나쁜 동료와 상사에 둘러싸인 환경일 수도 있다. 자신의 의미, 목적과 무관하지만 먹고살기 위해 어쩔 수 없이 다녀야 하는 경우도 있다.

업무의 역량과 전문성을 키워야 하는 이유 중 하나는 '선택할 수 있는 힘'을 기르기 위함이다. 자신에게 적합한 곳을 선택하기 위해서는 '힘'이 필요하다. 이 '선택의 힘'을 쌓으면, 자신의 역량을 마음껏 발산하고 자아실현을 할 수 있는 곳에서 일할 수 있으며, 만일 한계에 봉착한다면 또 다른 곳으로 이동하면 된다.

아직은 이런 힘이 부족해 자신과 맞지 않는 직장에 다녀야 할 수 있다. 그러나 포기할 이유는 없다. 당신이 젊으면 젊을수록 시간이 많다. 자신의 힘을 길러라.

당신이 힘을 기른다면 직장과 개인이 서로 윈-윈할 수 있다. 직장은 개인을 통해 성장하고 가치를 얻고 수익을 지속화한다. 개인 또한 그러하다. 이러한 윈-윈 관계가 이루어질 때 기업도 사회도 경제도 지속될 수 있다.

7

일이 반드시
재미있어야 할까?

한 젊은 직장인이 이렇게 말했다. "일이 재미없을 때가 많습니다. 옛 문헌에도 즐기는 자를 이길 수 없다고 하는데 재미가 있어야 제가 잘하게 되고, 잘해야 더 보람을 느낄 수 있는 게 아닌가요?"

골프를 좋아하는 지인 한 분은 이런 말을 했다. "골프가 너무 즐거워요. 내 꿈은 골프장에서 골프 치다가 죽는 겁니다." 물론 골프에 돈만 쓰는 아마추어다.

예전 현역 시절 박세리의 인터뷰가 기억난다. 그녀는 골프가 즐겁지 않다고 했다. "하루 1,000번의 스윙과 훈련, 식이요법, 엄청난 압박감 속에서 25년간 골프를 즐기지 못했습니다." 아니나 다를까 그녀는 은퇴 후 이런 말을 했다. "골프가 지긋지

굿해요. 은퇴 후 골프 안 쳐요." 그녀는 얼마 전 TV에 나와 지난 5년간 열 번도 골프를 치지 않았다면서 아직도 골프를 즐길 준비가 되지 않았다고 한다.

〈유 퀴즈 온 더 블럭〉에 출연한 김연아가 비슷한 이야기를 했다. 요즘 운동을 거의 안 한단다. 현역 시절 운동하는 게 너무 지겹고 힘들었단다. 그녀는 현역 시절 "무슨 생각을 하며 연습해?"라는 질문에 "무슨 생각을 해. 그냥 하는 거지"라고 답변해서 어록을 남겼다.

황영조의 인터뷰도 기억난다. "마라톤을 할 때마다 지나가는 차에 뛰어들어 죽는 게 덜 고통스럽겠다는 생각을 했다." 물론 승리의 기쁨도 있었지만 고통도 적지 않았다는 것이다.

일이 즐거울 때도 많지만 즐겁지 않을 때가 더 많다. 에너지가 넘치고 잘나가는 소수의 사람은 이해하지 못할 수 있다. 그러나 대부분의 직장인에게 일이라는 것은 매일 다이내믹한 성취감을 가져다주는 것도, 매일매일 성장을 쑥쑥 맛보게 해주는 것도 아니다. 대부분은 유사하고 지루한 일을 반복한다. 새로운 도전에는 진보가 쉽게 보이지 않는다. 가끔 실수도 하고 상사에게 욕도 먹고 고객에게 치이기도 한다.

악성 고객을 만나면 '왜 이렇게 살아야 하나'라는 생각도 든다. 인정받지 못하고 동료나 후배가 더 빨리 승진하면 좌절하기도 한다. 주위에선 다들 코인, 주식, 부동산으로 인생 역전하는 것 같은데 자신만 바보가 된 느낌이 들기도 한다. 창업자는 하루하루 매출, 월급, 직원 문제 등으로 밤잠을 설치기도 한다. 가끔씩 때려치우고 싶다는 생각이 들지 않는다면 그게 특이한 것이다.

그러므로 즐거울 때도 있지만 많은 시간은 책임감으로도 일하고 의무감으로도 일한다. 때로 막연한 희망으로도 일한다. 자신만의 목표가 있어 그것을 이루기 위해 일하기도 한다.

즐거움만으로 무언가를 한다면 그건 앞에서 골프 치다 죽고 싶다고 말한 사람과 같이 '취미'임에 분명하다. 취미는 먹고사는 것과 관계가 없다. 그러므로 책임감도 의무감도 없다. 그냥 하고 싶으면 하는 것이다.

그러나 무언가로 먹고살 정도, 즉 프로로 산다는 것, 더 나아가 최고가 된다는 것은 다른 문제다. 슬슬 즐기면서 최고가 될 수 있는 사람은 없다. 좋은 결과나 과정을 즐길 수 있겠지만 나쁜 결과나 힘든 과정은 즐길 수 있는 성질의 것이 아니다. 다행히 지루하고 힘든 과정이 있었더라도 좋은 결과로 이어지면 과거의 과정이 미화된다. 그러나 그것이 좋은 결과로 이어지지 않으면 트라우마가 되기도 한다.

즐거운 것과 잘하는 것은 다르다. 나는 '크록하Krocha 댄스'를 즐겁게 한다. 영화를 즐겁게 본다. 그러나 그것으로 먹고살 만큼 재능도 없고 혹독한 훈련을 거치고 싶지 않다. 그냥 돈 쓰면서 하고 싶을 때 하고 하기 싫으면 하지 않는 취미다. 반면 내가 잘해서 프로로 먹고사는 영역은 즐겁지만은 않다. 물론 겉으로는 화려해 보인다. 그러나 편하지 않은 사람도 웃는 얼굴로 만나야 하고, 이해관계자의 눈치도 봐야 하고, 주위 사람들도 신경 써야 하고, 매번 숫자와 결과에 일희일비하기도 한다. 책임도 져야 하므로 임원이 된 이후로는 매년 올해가 마지막일 수 있다는 마음으로 지낸다.

그러므로 일이 꼭 즐거워야 하는 것은 아니다. 또 즐거워야 잘할 수 있게 된다는 것 또한 진실이라 하기 어렵다. 나의 책 《일의 격》에서도 인용한 말이 있다. "목표는 멋지지만 목표로 가는 길에는 똥 덩어리가 가득하다. 지루한 길이다. 성공을 결정하는 질문은 '나는 무엇을 하고 싶은가?'가 아니라 '그 과정의 어떤 고통을 견딜 수 있는가?'다."

그저 즐거움만 얻길 원한다면 그것은 취미로 간직하는 편이 낫다. 그것으로 프로나 최고가 되기 어렵다. 최고가 되는 사람은 지루함과 똥 덩어리에 굴하지 않고 때로 의무감으로, 때로 책임감으로, 때로 막연한 희망으로, 때로 소소한 보람과 성취감으로, 때로 작은 성장의 뿌듯함으로, 때로 동료애로, 때로 자신이 이루고자 하는 미션과 뜻으로 매일매일 의도적으로 훈련하면서 무소의 뿔처럼 조금씩 전진하는 사람이다.

8

어떤 관점으로
직장 생활을 할까?

세무사 한 분을 만났다. 대기업 회계 부서에서 근무하다 창업한 분이었다. 쉽지 않은 선택이었는데 그는 이런 말을 했다. "회사에 다니면서도 제가 사업가라는 생각으로 일했습니다. 일부러 역량을 키울 수 있는 도전적인 업무, 다양한 업무에 자원했어요. 그러다 보니 회사에서 인정도 받고 상도 많이 탔습니다. 그래서 나오기 어려웠지만 제 회사를 꼭 해보고 싶어 과감히 나왔습니다. 주위 동료, 다른 부서 분들과도 좋은 관계를 맺었더니 창업 후 그분들이 일을 주셔서 어려움이 없습니다."

한 분이 질문한다. "직장인들이 직장을 어떤 관점으로 봐야 할까요? '직장인'은 거대 조직에서 개성을 상실한 채 상사의 지배하에 수동적으로 어쩔 수 없이 일하며 쥐꼬리만 한 월급만 받는 '미생' 같은 존재 아닌가요? 창업을 해야 이 틀을 깰 수 있는 것 아닌가요?"

물론 그렇게 생각할 수도 있다. 직장 생활을 하는 사람 중에는 SNS 프로필에 자신을 일컬어 '노예' 등으로 표현하는 사람도 있다. 이런 마인드셋이 긍정적일까? 만일 그런 마인드셋으로 창업한다면 그 회사 직원들은 도대체 뭐가 되는가?

생각을 바꿔보면 직장인도 기업인처럼 일할 수 있다. '직장인도 기업인이다'라는 프레임워크로 직장을 바라보면 관점이 어떻게 바뀔까?

1. 나의 회사, 상사는 '고객'이다. 나의 동료는 '파트너'다.
2. 나의 업무는 '나'라는 기업의 '서비스'다.
3. 내 서비스의 가격은 월급이고 매출은 연봉과 보너스다.
4. 내가 투입한 노력과 시간은 '원가'가 될 수도 있고 '투자'가 될 수 있다.
5. 리더가 되기 전이라면 1인 기업 창업자이고, 리더가 된다면 나는 내가 맡은 조직의 CEO다.

이런 상황에서 기업인이라면 어떻게 할까?

자신이 제공하는 '가치'를 다른 경쟁자와 차별화하거나, 경쟁자 자체가 없는 영역으로 가거나, 효율적인 방법을 찾아 원가를 '최소화'하려 한다. 이는 결국 직장인도 추구해야 할 방향이다. 자신의 실력과 브랜드를 높이고, 차별화와 독점 영역을 찾고, 신기술을 배우고 적용해 일의 효율성을 최대한 높여 투입하는 노력을 줄인다.

매출을 증대하려면 가격을 높이든지 양을 증가시켜야 한다. 시장에서 가격은 어떻게 정해질까? 고객이 인정하는 '가치'와 '경쟁자'에 의해 정해진다. 내가 제공하는 가치 이상의 가치를 기업이 창출할 수 없거나 경쟁자가 내가 제공하는 것과 유사한 가치를 나보다 싼값에 제공할 수 있다면 나는 더 높은 가격을 받을 수 없다. 연봉도 마찬가지다. 연봉을 늘리려면 내가 제공하는 가치를 높이는 것만으로 충분치 않다. 희소성이 중요하다. 경쟁자가 적거나 독점인 영역이라면 매우 유리하다.

기업인도 창업 초기에는 브랜드나 레퍼런스가 없기 때문에 손해를 보고도 거래하며, 온갖 수모를 견디고 고객의 신뢰와 실력을 쌓기 위해 노력한다. 그리고 이를 위해 발로 뛰는 영업과 마케팅에 힘쓴다. 직장인도 실력과 브랜드가 없을 때는 그럴 필요가 있다. 적은 연봉을 받더라도 입사해 최선을 다한다. 고생하더라도 새로운 프로젝트에 참여해 실력을 쌓고, 상사에게 아부도 하고, 블로그도 운영하고, 발표도 해서 자신을 알린다.

뛰어난 기업인은 '갑'인 고객과의 관계를 강화하고 그를 파트너로 만든다. 고객과 신뢰를 형성한 후에는 서로의 성공을 위해 노력한다. 직장인도 상사나 회사에 대해 피해의식에서 벗어나 신뢰를 형성하고 파트너로 여기며 상사와 회사의 성공에 관심을 가질 필요가 있다.

경쟁력이 생긴 기업인은 가격을 후려치고 손실을 보게 하면서 고생을 시키는 악성 고객은 과감히 끊는다. 직장인도 경쟁력을 갖추고 난 후에는 자신이 제공하는 가치만큼 대우를 받지 못하거나 갑질을 당하면 과감히 떠나 더 좋은 고객(직장)을 찾아 집중할 수 있다. 좋은 고객이 많은 기업인이 악성 고객을 굳이 유지할 이유는 없기 때문이다.

자신의 노력을 원가만이 아닌 투자라고 여긴다. 많은 사람이 자신의 노력에 비해 적은 대가를 받는다며 노력 자체를 하지 않는다. 이는 바보 같은 짓이다. 많은 성장 기업은 전략적으로 초기 손실을 감수한다. 투자로 보기 때문이다. 당신의 노력을 투자로 생각하고 스케일업할 때까지 실력을 키워라. 눈앞의 손익계산으로 노력을 포기한다면 자신만 손해다.

많은 경영학과 졸업생이 내게 이런 불평을 한다. "경영학을 배워 회사에 들어가도 쓸모없습니다. 기껏 보고서나 만들거나 하찮은 일을 합니다." 나는 이렇게 말하고 싶다. 그 경영학 지식을 자신이라는 회사에 적용해 먼저 경영해보라.

직장에서도 자신을 미생이 아닌 기업인으로 여기고 생활한다면 직장에서도 성공하고, 창업해도 성공할 가능성이 높다.

내게 "당신은 그렇게 살았는가?"라고 묻는다면 다행인지 불행인지 커리어의 대부분을 직장인으로 일했지만, 내가 피고용인이라 생각하고 일한 적은 없는 듯하다. 물론 이런 에너지로 창업을 지속했다면 더 좋았을 텐데 하는 아쉬움은 있지만, 나는 내가 주인이고 기업인이라 여기며 살아왔고, 리더가 된 이후에는 항상 내가 맡은 조직의 CEO라 생각하고 경영했기에 커리어 과정의 대부분은 당당했고 그리 후회는 없다.

9

변화하는 시대에
필요한 마인드셋

　　국내 직장 환경은 지난 3년간 급속히 변화했다. 가장 크게 달라진 외부 요인은 다음 세 가지라고 생각한다. 첫째, 노동환경이 변화했다. 주 52시간 근무, 김영란법, 힘희롱·성희롱에 대한 규제 강화 등으로 직원의 권리가 매우 강화되었다. 둘째, 코로나에 따른 업무 방식의 변화다. 코로나로 기존 오프라인 중심 근무 환경이 크게 변화했다. 셋째, 많은 신진 테크 기업의 등장과 디지털 트랜스포메이션으로 경쟁 환경이 바뀌었다.

　이러한 환경 변화는 기업 임직원의 커리어, 업무 방식에 대한 관점을 변화시켰으며, 수평적이고 자율적인 문화와 워라밸에 대한 욕구를 일깨우고, 커리어에서 다양한 선택지를 가져다주었다.

사실 한국의 대기업은 그동안 인재를 블랙홀처럼 빨아들여 왔다. 한국의 인재가 특별히 갈 곳이 없었기 때문이다. 흥미롭게도 한국 학생들이 영어를 못하는 것이 한국 대기업의 인재 유입에 큰 도움이 되었다는 어느 교수의 주장도 있다. 그동안 글로벌 기업으로 유출되는 인력의 수는 많지 않았다. 그 때문에 기업의 규모가 크고 안정적일수록 인재 영입에 고민이 별로 없었다. 또 인재가 이탈할 위험도 별로 없었다. 현대자동차나 삼성전자 직원이 선택할 회사는 거의 없었다. 1등 회사에 근무하는 직원이 좁은 한국 내에서 더 나은 직장을 찾는다는 것은 거의 불가능했다.

그런데 흥미롭게도 경쟁 환경이 달라졌다. 자동차 회사가 다른 자동차 회사와 경쟁하는 것이 아니라 플랫폼 회사나 전기차 회사와 경쟁하게 되었다. 이에 따라 내부 인력이 움직일 수 있는 폭이 넓어졌다.

과거에는 특정 회사 도메인에는 특정한 사람이 필요했다. 금융에는 금융업계 사람, 제조에는 제조업계 사람이 필요한 식이었다. 그러나 모든 영역에 디지털이 개입되는 시대에는 디지털에 익숙하고 SW 개발 능력이 있는 사람이 전 영역에 요구되고 있다. AI와 로봇이 활성화되면서 이러한 현상이 점점 가속될 것이다. 결국 모든 회사가 유사한 인재를 원하게 될 가능성이 높다. 즉 AI와 로봇이 하지 못하는 것을 하는 사람, 문제를 찾아내는 사람, 디지털 전문성이 있는 사람, 실험을 통한 속도의 경제를 만들어낼 수 있는 사람이다. 이러한 사람에 대한 수요는 전 영역에서 광범위하게 늘어날 것이다. 반면 중간 계층 일자리, AI나 로봇이 대체할 수 있는 일자리는 점점 감소할 것이다. 이에 인력도 양극화될 가능성이 높다.

기업은 이제 인력을 구하고 유지하는 것이 과거보다 점점 어려워질 것이다. 물론 아직도 업종에 따라 안전한 곳이 있다. 그러나 이러한 현상은 점점 확산될 것이다. 로열티라는 것이 점점 구시대 가치가 될 가능성이 높다. 로열티라는 것은 있을 때만 의미가 있는 것이지 그 회사에 뼈를 묻고 쫓아낼 때까지 충성하겠다는 것은 로열티가 아닐 가능성이 높다.

앞으로의 커리어 환경은 다음과 같이 변화될 것으로 예측된다.

첫째, 커리어 환경이 점점 프로 축구단처럼 변화될 것이다.

과거와 달리 많은 직장인들이 한 직장에서 충성하고 승진한다는 관점에서 벗어나 더 나은 보수, 경력, 문화와 워라밸 등 자신의 가치를 추구하면서 이동할 것이다. 기업 또한 과거와 달리 인재를 모아 유지하기가 점점 어려워질 것이다. 인재는 더 다양한 기회를 얻고 프로 축구 선수처럼 자신의 역량을 발휘하고 능력을 쌓은 후 더 나은 곳으로 이동하려 할 것이다. 여전히 한 회사에서 정년을 맞는 사람들도 있겠지만 이들이 회사에서 정말 원하는 인재일지는 의문이다. 이에 기업 또한 인재를 확보하고 유지하기 위해 기업의 환경, 문화, 대우 등에 경쟁력을 갖추려 노력할 것이다.

둘째, 개인의 능력과 대우의 격차가 점점 커질 것이다.

전통 제조업에서 개인의 능력 차이는 크지 않다. 따라서 대우 또한 큰 차이가 나지 않는다. 그러나 기업이 디지털화 해나가고 AI와 로봇이 기본 업무의 상당 영역을 차지하면 이를 자유자재로 활용해 성과를 내는 사람과 그렇지 않은 사람의 격차는 커질 수밖에 없다. 물론 여전히 많은 전통 기업에는 큰 변화가 없겠지만 테크 기업을 중심으로 이러한 현상이 가속화될 것이다.

셋째, 기업의 흥망 주기가 짧아질 것이다.

1년 전까지만 해도 테크와 금융 등의 회사는 수많은 직원을 채용하고 높은 성장을 즐겼다. 특히 희소성 있는 개발자 등 IT업계 직원은 높은 몸값 속에서 환호성을 지르며 이직 기회를 노렸다. 그런데 지금은 상황이 역전되었다. 미국에서 2023년 들어서만 2만 300명의 IT업계 종사자가 해고 통지를 받았다고 한다. 한때 스타트업들이 기업 가치와 매출만 신경 썼다면 지금은 이익 중심으로 변화하고 있다. 그러나 이러한 상황 또한 변화될 것이다.

이러한 변화 주기가 점점 빨라질 것이다. 평균적으로 기업의 흥망성쇠 주기 또한 점점 짧아질 것이다. 새로운 기술과 트렌드로 무장한 기업이 계속 나타나 빠르게 성장할 것이다. 반면 경쟁력을 확보하지 못한 기업은 빠르게 쇠락할 것이다.

이러한 변화에 직장인은 어떤 마인드셋을 가져야 할까?
첫째, 직이 아닌 업의 관점이 필요하다. 평생직장이 없다는 것을 받아들이라는 의미다. 물론 국내의 경우 법으로 보호되기에 한 직장에 오래 다닐 수 있다. 그러나 회사의 경영 상황이 어려워질 수도 있고, 더 이상 전망이 없어 이직할 수도 있다. 현재 직장에서 최선을 다하지 말라는 말이 아니다. 최선을 다하고 최상의 성과를 창출하지만 언제든 나갈 수 있음을 받아들이는 것이다. 직장은 영원하지 않다. 언제든 나갈 수 있음을 받아들인다면 어떻게 직장 생활을 하게 될까? 더 깨어 있을 수밖에 없다. 직에 의지하지 않고 업을 만들어야 한다. 자신의 역량을 기르고 차별화하는 것이다. 그뿐만 아니라 외부와의 소통을 통해 연결 고리를 만들어야 한다.

얼마 전 다양한 국가에서 일하다 지금은 싱가포르에서 일하는 사람이 흥미로운 이야기를 했다. "저는 지금껏 해고가 자유로운 환경에서 일해왔습니다. 그런 환경에서 일하면 내가 언제든지 나갈 수 있음을 받아들이게 됩니다. 그러면 일만 열심히 하는 게 아니라 항상 자신의 커리어 포트폴리오를 다듬고 의도적으로 외부 사람을 많이 만나게 됩니다. 움직일 수 있는 루트를 항상 잠재적으로 확보하는 것이죠. 그런데 외부 사람을 많이 만나면 아이디어가 훨씬 다양해집니다. 깨어 있고 긴장하게 되니 자신의 경쟁력을 유지하게 됩니다. 스트레스는 있지만 우물 안 개구리가 되지는 않습니다."

둘째, 자신이 프로라는 마인드셋이 필요하다.

기업은 프로 또는 프로의 자질을 갖춘 사람을 채용한다. 과거처럼 아마추어를 뽑아 수년간 교육시킨 후 활용하는 전략만으로 충분하지 않다. 훈련만 받고 회사를 그만두는 직원이 점점 늘어나기 때문이다. 물론 자질이 있는 인력을 데려다 충분히 훈련시키기도 하지만, 프로를 적극적으로 영입한다. 프로란 관리가 별로 필요 없는 사람, 스스로 동기부여를 하는 사람이다. 기업이 동기를 떠먹여주면서 직원을 양성하기에는 너무 많은 시간이 걸리고 노력 대비 효과가 낮다.

그리고 이제 나이와 역량이 비례하지 않는다는 사실을 인정해야 한다. 나이가 많다고 더 많은 연봉을 받는 프로는 없다. 전통적인 산업구조에서는 나이와 역량이 거의 비례했다. 조금 더 많은 경험이 더 많은 능력을 의미했다. 그래서 경험이 없는 사람은 항상 배우는 위치에 서야 했다. 물론 지금도 어떠한 업무든 이러한 특성은 지속된다. 그러나 과거에 비해 비례의 정도가 낮아지고 있다. 특히 새로운 기술이 빠르게 개발되는 이 시대에는 오히려 경력자보다 젊은 사람이 기술을 더 빨리 습득하고 역량을 향상시킬 수 있다.

프로 축구팀에서는 타 구단으로 가는 선수를 비난하지 않고 이적을 자연스럽게 받아들인다. 물론 프로 축구단은 이적료라는 개념이 있기에 보내는 구단도 원할 체계가 있다. 그러나 기업은 그러한 안전장치가 없다. 그럼에도 실력자는 언제든 이동할 수 있다. 또 기업의 경계가 허물어짐에 따라 업종과 무관한 이직이 이루어진다.

프로는 동기를 부여하고 훈련시켜주는 누군가를 필요로 하지 않는다. 나를 찾아오는 리더들이 가장 많이 하는 질문은 "구성원에게 동기를 부여하려면 어떻게 해야 할까요?"다. 이 말은 직장에 프로가 별로 없다는 것이다. 리더가 동기를 부여해주어야만 일할 수 있는 사람은 프로가 아니다. 프로는 자신의 능력과 전문성을 높이기 위해 스스로 동기를 부여하고 스스로 훈련한다. 그리고 자신이 받은 것 이상의 가치를 제공한다. 누가 시키지 않아도 스스로 일하고 성과를 창출한다. 그러므로 자기 스스로 가치를 높여야 한다. 새로운 기술과 트렌드를 습득하고 무장해서 자신의 가치를 높여야 한다.

마지막으로 포트폴리오를 다양화할 필요가 있다.

빠르게 변화하는 환경에 효과적으로 대응하기 위해서는 학습 능력, 유연성, 다양한 포트폴리오가 필요하다. 한번 배운 지식을 오랜 기간 활용하는 것이 점점 어려워지고 있으므로 빠른 학습 능력이 필요하다. 빠른 학습 능력을 기르기 위해서는 기본기를 확실히 갖출 필요가 있다.

유연성 또한 중요하다. 변화가 빠른 환경에서는 새로운 트렌드와 변화를 관찰하고 자신을 변화시키는 능력이 필요하기 때문이다. 새로운 아이디어가 나왔을 때 기존 관념을 과감히 버릴 수 있는 유연성이 필요한 것이다.

예상하지 못한 새로운 커리어 환경에 대응하기 위해서는 다양한 경험과 역량을 쌓고 필요할 때마다 이를 조합하고 연결하는 포트폴리오 능력이 필요하다. 이는 커리어뿐 아니라 재정적 영역이나 삶의 영역 또한 유사하다. 새로운 경험을 두려워하지 말고 축적하며, 이를 조합하고 연결하고 활용하는 능력, 즉 커넥팅이 필수다.

'커리어 패스'에서
'커리어 포트폴리오'로

'왜 커리어 패스가 아니라 커리어 포트폴리오를 만들어야 하는가Why You Should Build a Career Portfolio (Not a Career Path)'라는 2022년 HBR 아티클을 읽었다. 이제 '커리어 패스'가 아닌 '커리어 포트폴리오'를 구축해야 한다는 내용이었다.

커리어 패스란 대개 단일 경로다. 마치 사다리 오르듯 한 단계씩 더 큰 책임과 승진으로 향하는 모습이다. 이에 반해 커리어 포트폴리오란 자신의 다양한 역량과 경험을 횡으로 계발해 펼쳐놓고 특정 커리어가 필요할 때 이들을 유연하게 조합하는 것을 의미한다. 자신의 포트폴리오를 활용해 변화하는 상황에 유연하게 대응하는 것이다.

커리어 패스의 기본 전제는 직장인이 다양한 회사나 완전히 새로운 직무를 경험하지 않는다는 것이다. 대개 한두 회사에서 과거 익숙했던 직무로 평생 일한다는 가정하에 유효하다. 사실 대부분의 직장인이 한 회사에서 장기간 근무하는 일이 많은 국내의 경우 '커리어 패스'가 일반적이었다. 직장 생활을 하면서 자신의 역량과 책임, 그리고 소득을 높이는 방법은 승진 외에는 거의 없다고 해도 과언이 아니다. 그러므로 마치 사다리 오르듯 '사원-대리-과장-차장-부장-상무-전무-부사장-사장' 식의 커리어 패스를 추구할 수밖에 없었다.

그러나 이제 한국에서도 '평생직장'이라는 개념이 사라지고 있다. 기업의 수명도 짧아져 설령 평생 근무하길 원한다고 해도 그러기 어려울 수 있다. 기업도 활력을 위해 모든 구성원이 그대로 유지되는 것을 원치 않는다. 직장인도 앞으로는 이제 프로 축구 선수처럼 이동해야 할 가능성이 높아지고 있다.

또 기업의 생존 주기는 짧아지는 반면 인간의 수명은 길어진다. 이제 동종 업계 이직뿐 아니라 완전히 새로운 커리어에 도전하거나 투잡 등이 필요한 시대가 되었다.

이에 더해 앞에서 언급했듯 '기술 변화' 속도 또한 매우 빠르다는 것을 기억할 필요가 있다. 이전 세대 직장인은 입사 초기에 익힌 기술로 평생을 지탱하기도 했다. 그러나 앞으로 그럴 가능성은 점점 희박해지고 있다. 인간이 AI, 로봇과 같이 일해야 할 가능성이 높기에 '얼마나 알고 있는가'보다 '얼마나 빠르게 학습할 수 있는가?'가 점점 더 중요해진다. 커리어 패스는 이러한 변화에 대응하는 데 몇 가지 문제를 내포하고 있다.

우선 새로운 커리어와 직무에 대한 유연성이 부족하다는 점이다. 한 회사에서 수직적 경로를 따르기 위해서는 그 회사가 제시하는 기준에 따라야 한다. 마치 시험을 치르듯 해당 회사가 요구하는 조건에 맞는 역량과 태도를 갖출 수밖에 없게 된다. 그렇게 하다 보면 다른 커리어에서 필요한 역량을 쌓지 못한다. 따라서 다른 커리어로 옮길 수 있는 경쟁력을 잃는다. 오로지 특정 회사에 적합한 사람이 될 위험이 있다는 것이다.

또 하나는 커리어 패스의 사다리는 위로 올라갈수록 좁아진다는 것이다. 위로 올라갈수록 점점 경쟁이 심해지므로 커리어 패스에서는 상대평가가 이루어질 수밖에 없다. 적은 수의 자리를 놓고 동기끼리 경쟁해 그 자리를 차지해야 한다. 소수의 승자만 과실을 가져갈 수 있고 대다수 사람들은 중요도가 떨어지는 일을 할 가능성이 높다.

그러므로 이제는 '커리어 포트폴리오'라는 개념을 받아들이고 이를 기반으로 자신의 커리어를 설계할 필요가 있다. 커리어 포트폴리오에서 기본 가정은 자신이 다양한 회사에서 다양한 업무를 맡게 되리라는 것이다. 다양한 회사를 거칠 수 있고, 과거에 접하지 않았던 새로운 업무를 맡을 수 있다. 이러한 시대의 인재는 과거와 달리 박스, 사일로 또는 특정 비즈니스를 넘어 사고를 확장할 수 있는 사람일 가능성이 높다.

기업인 셰릴 샌드버그 또한 "커리어는 정글짐과 같다"라는 표현으로 유사한 말을 했다. 커리어 패스와 달리 위로만 올라가는 것이 아니라 옆으로도 움직이고, 내려가기도 하고, 시작하기도 하고, 그만두기도 하라는 것이다. 결국 유연성을 가지고 움직이며, 직함보다는 직무 능력을 쌓으라는 의미다.

정글짐은 커리어 패스의 수직적 커리어가 아닌 다양한 방향의 커리어를 강조하기 위한 표현이라면, 커리어 포트폴리오는 조금 더 구체적인 방법론을 제시한다. 이는 스티브 잡스가 말한 '점 연결하기connecting dots'와 유사하다. 그는 서체 디자인, 인도 여행, 맥Mac 개발, 픽사 등 관련 없는 듯 보이는 포트폴리오를 연결해 애플을 통한 혁신을 가져왔다.

그러므로 이제는 다양한 경험과 기반 역량이 중요하다. 다양한 경험에서 쌓은 역량, 강점, 스킬을 '빌딩 블록building block'처럼 보유하면서, 필요한 역할에 따라 이를 조립해 대응하는 것이다. 그러면 구체적으로 어떻게 커리어 포트폴리오를 기반으로 커리어를 설계할 수 있을까? 그 방법은 2부에서 자세히 설명할 것이다.

어떻게 커리어를
쌓아야 할까?

누군가가 이런 말을 했다. "커리어를 쌓을 때 하나만 파고들자니 너무 편협해 변화의 시대에 대응하기 어려울 듯하고, 그렇다고 이것저것 하면 '물경력'이 될까 걱정입니다. 또 시도한다면 어떤 것을 우선시해야 할지 모르겠습니다."

과거에는 커리어 목표를 물어보면 대개 무엇이 되겠다거나 어떤 위치에 오르겠다는 답이 많았다. 예를 들어 직장인이라면 "난 임원이 목표야" "난 CEO가 될 거야" "우리나라 최고의 컨설턴트가 될 거야" "글로벌 전문가가 될 거야" 하는 식의 답이다. 창업자라면 "상장사 대표가 되는 게 목표야" "우리 분야 1위 기업이 되는 게 목표야" "시총을 ××으로 만들 거야" 하는 식의 답이다.

평생 1~2개 회사에 다닌다면 이런 목표와 답변은 적절할 수 있었다. 그러나 앞으로는 불확실성이 점점 커지고 변화 속도가 빠르며 한 회사에서 평생 커리어를 쌓기도 쉽지 않다. 이제 커리어의 '목표'가 아닌 '목적'이 더 중요해지는 듯하다.

'커리어의 목적'이란 '왜why?'에 대한 답이다. "내가 임원이나 CEO가 될 거야" "최고의 전문가가 될 거야"는 목적이라 하기 어렵다. 왜 되려 하는가, 즉 목적이 중요하다.

창업자도 마찬가지다. "상장을 하겠다" "글로벌 1위가 되겠다"라는 포부를 갖는 것은 좋다. 그렇지만 무엇을 위해? 왜? 그것이 자신에게 어떤 의미인지 고찰해볼 필요가 있다.

특히 어린 시절부터 경쟁 속에서 두각을 나타낸 사람들은 위만 보는 삶이 자동화되는 경우가 있다. 끝없이 사다리를 오르다가 어느 날 공허함을 느끼거나 추락하는 경우도 있다. 예전 모 기업의 최고위 임원이던 선배가 스스로 목숨을 끊은 일이 있었다. 갖고 있는 주식만 해도 100억 원이 넘고 S급 인재였던 그는 어느 날 퇴임 통보를 받은 후 우울증에 시달렸다.

그러므로 그냥 사다리를 올라가려 하기보다는 자신이 정말 좋아하고 가치 있게 여기는 것을 고민할 필요가 있다. 나도 40대 후반에서 50대 초반이 돼서야 이를 깨달았다. 사다리를 무조건 오르기보다 스스로 무엇을 좋아하는지 깊이 생각해보았다. 나는 통제받는 환경, 정치적인 환경, 안락한 환경을 좋아하지 않았다. 그리고 자율을 사랑하고 자유롭게 자기를 표현하며 사람들과 조직에 영향을 미치고 변화를 이끌어내는 것을 즐긴다는 사실을 깨달았다. 여러 제약이 있음에도 이렇게 글도 쓰고 책도 내는 것은 이런 성향과 관련이 있다.

목적을 달성할 수 있다면 나머지는 수단이다. 그 수단은 특정한 환경에 국한되지 않기에 조금 자유로워진다. 그러면 선택의 폭이 넓어진다. 또 이 목적에 정렬해서 자신에게 필요한 기술이나 역량, 커리어의 빌딩 블록을 할 수 있다.

단, 20~30대 젊은 나이라면 굳이 목적을 확정할 필요는 없다. 하고 싶은 것을 과감하게 펼쳐봐도 좋을 듯하다. 쓸데없는 경험 같아도 이후 커리어에 큰 도움이 된다. 얼마 전 30대 후반에 회사를 그만두고 외국 대학원에 입학한 사람이 그 선택이 혹 너무 늦은 것은 아닌지 걱정스럽다는 메시지를 보냈다. 그러나 그 나이에 그런 선택을 하지 않으면 평생 후회할 가능성이 높다.

그래도 40대부터는 목적을 정립해보는 것이 어떨까 싶다. 우리는 대개 '좋은 커리어'란 '남들에게 보이는 좋은 커리어'라고 생각한다. 그래서 커리어 목표가 모두 유사했다.

이제 타인의 눈에 그럴듯한 커리어가 아니라 정말 내가 원하고 가치 있게 여기는 것을 찾을 필요가 있다. 일이나 커리어는 그 자체가 목적일 수 없다. 나의 삶을 풍요롭게 하는 훌륭한 수단 중 하나일 뿐이다.

　그러므로 질문의 답은 이러하다. 커리어 목적을 먼저 대략 정하라. 그리고 그 목적에 조금 더 부합할 수 있는 역량, 스킬, 커리어 빌딩 블록을 만들어가라.

　커리어 목적은 1등이나 사장이 되는 게 아닐 것이다. 그렇다고 이타적이거나 멋진 것일 이유도 없다. 단지 더 넓고 풍요로우며 평생 지속할 수 있는 방향을 발견하는 것이다.

가장 중요한 조언은?

　　세계 최대 규모의 사모펀드 블랙스톤의 회장 스티븐 슈워츠먼은 커리어에 대해 다음과 같이 조언한다.

　"젊을 때는 ① 많은 것을 배울 수 있고 ② 고강도 훈련을 받을 수 있는 일을 선택하라. ③ 특히 첫 일자리는 경력에 주춧돌이 되기에 매우 중요하다. 단순히 남들에게 그럴듯하게 보인다는 이유만으로 일자리를 선택하지 마라."

　사실 이는 매우 꼰대 같은 말로 느껴지겠지만, 분명히 기억해야 할 조언이다. '연봉이란 어떻게 결정될까?'라는 글에서도 언급했듯 세 번째 조언인 첫 일자리는 매우 중요하다. 첫 일자리에 따라 향후 커리어와 연봉 상승 한계가 대부분 결정되기 때문이다. 첫 직장이 B2B 회사인 사람은 대개 평생 B2B를,

B2C인 사람은 평생 B2C를, 건설 회사인 사람은 평생 건설을, 금융사인 사람은 평생 금융을, 언론사인 사람은 평생 언론을, IT 기업인 사람은 평생 IT를 하게 될 가능성이 높다.

동일한 대학을 졸업하고 동일한 대기업 그룹에 들어가도 어느 회사에 배치되는가에 따라 보너스도 대우도 이후 커리어도 달라진다.

그 덕에 동일한 머리와 동일한 노력으로도 어떤 사람은 평생 힘든 비즈니스 모델 또는 사양산업에서 어렵게 돈을 벌기도 하고, 어떤 사람은 좋은 비즈니스 모델을 경험하고 상승 기업에 몸담아 비교적 수월하게 벌기도 한다.

이러한 선택은 절대 실력이 아니니 교만할 이유가 없다. 운 좋게 상승 에스컬레이터를 타면 가만히 있어도 올라가고 하강 에스컬레이터를 타면 죽도록 뛰어도 제자리다. 대개 그저 운이다. 고 3 학생이나 대학생, 사회 초년생이 무슨 대단한 통찰이 있겠는가! 좀 잘나가는 사람은 당시 남들 보기에 그럴듯한 곳으로, 잘나가지 못하는 사람은 자신을 받아주는 곳으로 갔을 뿐이다. 이후 어떤 선택은 행운이 되기도 하고 어떤 선택은 불운이 되기도 한다.

당신이 이미 일자리를 선택했다면 어떻게 할까? 첫 번째와 두 번째 조언을 기억할 필요가 있다. 즉 많은 것을 배우고 고강도 훈련을 받을 수 있는 일을 선택하라는 것이다. 특히 이 책을 읽는 독자가 젊으면 젊을수록 더욱 그러하다.

내가 벤처 회사를 공동 창업했을 때다. 당시 많은 신입 사원을 채용했다. 다행히 취업이 어려운 상황이었고, 우리는 사무실을 잘 꾸며놓았으며, 공동 창업자 3명이 모두 최고의 대학과 대기업 출신이었기에 많은 신입 사원이 지원했다. 신입 사원은 전문 지식이 없었기에 이들을 빠르게 훈련시켜야 했다. 그래서 나는 조직을 마치 대학원 연구실처럼 운영했다. 공부해야 하는 책, 방법론을 가지고 세미나를 하고 발표하도록 했다. 금요일에는 시험을 치렀다. 그리고 시험 성적을 게시판에 붙였다. 제안서를 쓰고 제안 발표를 하고, 프로젝트를 수행하는 방법을 매우 강하게 훈련시켰다. 밤늦게까지 공부하는 것은 예사였다. 물론 지금은 상상하기 어려운 행동이다. 이후 1~2년도 안 되어 이들은 스스로 프로젝트를 제안하고 수행할 수 있게 되었다. 그 당시 훈련받았던 몇몇 직원은 지금도 내게 연락해서 이렇게 말한다. "커리어를 거치며 항상 일 잘한다는 소리를 듣고 있습니다. 그때 그렇게 훈련받았기 때문입니다. 그때는 참 힘들었지만 평생 커리어의 기반이 되었습니다."

나 자신도 운 좋게 첫 번째 회사를 잘 만났다. 그 회사는 세일즈, 논리적 사고, 프레젠테이션, 문제 해결법, 회의법 등 다양한 교육을 제공했고 본인이 마음껏 선택해 배울 수 있도록 했다. 나는 매우 열심히 그 과정을 거쳤다. 나는 평생의 커리어에 필요한 소프트 스킬의 50% 이상을 첫 회사에 다니던 3년간 배웠다고 생각한다.

그러므로 당신이 성장하고자 하는 열망이 강하고 선택할 수 있는 기회가 있다면 많이 배우고 훈련받을 수 있는 부서를 선택하라. 회사에서 제공하는 다양한 교육 프로그램이 있다면 최대한 배우라. 다행인 것은 직장인 대부분이 편한 부서를 선호하기에 당신이 마음만 먹는다면 배울 수 있는 곳을 선택할 수 있다는 사실이다.

매우 강하게 훈련시키는 부서의 리더는 대개 평판이 그리 좋지 않다. 또는 평판이 극과 극이다. 아주 좋아하는 사람과 아주 싫어하는 사람이 있다. 일을 잘하는데 거칠고 깐깐하며 피곤하다는 이야기를 듣는 경우가 많다. 사람 좋고 무난하다는 이야기는 듣지 못한다. 그러나 이를 두려워하면 성장할 수 없다. 초기일수록 이런 사람들에게 배우는 것이 좋다.

회사에서 배울 것도 없고 시간 때우기 좋고 느슨하며, 훈련시키는 선배나 리더가 없다면 스스로 외부에서라도 기회를 찾거나 이직을 고려할 필요가 있다. 위험한 것은 이러한 환경은 초기에는 답답하게 느껴지지만 점점 편해진다는 점이다. 이러면 당신의 경쟁력은 사라진다. 그 회사에서 맡은 일 외에는 아무것도 할 수 없는 사람이 된다. 편한 것이 좋은 것이 아니다.

자신의 회사나 업무 외에도 다른 영역에 관심을 가져라. 학습 모임이나 커뮤니티 활동 등을 통해 다른 영역 사람들과도

교류하라. 호기심을 가지고 트렌드를 파악하고 새로운 기술을 배우며 자극받아라. 현재의 커리어 외에 더 발전하고 상승할 수 있는 커리어를 만들 기회를 포착하라. 이것이 슈워츠먼의 조언에서 핵심이 되는 내용이다.

커리어와 마태 효과

누군가가 "능력주의에 대해 어떻게 생각하세요? 능력이 부족하고 노력하지 않는 사람들이 흙수저니 금수저니 핑계 대는 거 아닌가요?"라고 물은 적이 있다.

사회학자 로버트 머튼은 과학자를 대상으로 연구하며 흥미로운 현상을 발견한다. 능력이 비슷한 과학자라도 정상급 연구 대학에서 출발하는가 3류 대학에서 출발하는가에 따라 5~10년 후 성공 수준이 크게 차이 난다는 것이었다.

초기에 좋은 조건으로 출발한 교수는 수업의 양도 적고 더 뛰어난 제자를 담당하며 더 많은 지원을 받는다. 이후 그 효과는 부익부로 점증한다. 그는 이를 마태의 법칙이라 불렀다(〈마태복음〉 25장 29절: "무릇 있는 자는 받아 풍족하게 되고 없는 자는 그 있는 것까지도 빼앗기리라").

이 효과는 단지 그가 연구한 특정 영역에 그치지 않는다. 사회 모든 영역에서 흔히 발견된다. 초기의 좋은 출발이나 명성은 더 많은 기회와 자원을 가져다주고 이는 이후 더 큰 성공을 불러올 가능성이 높다('반드시'라는 말은 아니다). 덕분에 타이밍을 잘 맞춘 이들은 자신의 재능보다 훨씬 더 크게 성공하고, 그렇지 못한 이들은 자신의 재능보다 훨씬 더 크게 실패한다.

예를 들어 어떤 벤처 창업자가 우연히 큰 성공을 거두었다고 하자. 그가 또 다른 사업을 펼친다면? 사람들은 그가 과거에 크게 성공했기에 매우 뛰어나고 유능하다고 여긴다. 그러면 인재와 투자자가 비교적 쉽게 모인다. 마케팅과 홍보를 하기도 쉽다. 결국 성공 가능성이 매우 높아진다. 가진 자, 성공한 자가 더 가지고 더 쉽게 성공하는 것이다.

당연히 금수저 가정에서 태어난 아이들이 금수저가 될 가능성이 높다. 풍요로운 환경에서 더 좋은 교육과 지원, 인맥은 큰 이슈가 없다면 대물림된다.

우리는 대개 출신, 학력, 경력 등으로 사람을 판단하지 않는다고 말하지만, 실제로는 이를 기반으로 사람을 과대 또는 과소평가하는 경우가 많다. 덕분에 좋은 출신, 학벌, 성공적인 경력을 지닌 사람들은 과대평가되어 더 많은 자원을 부여받는다. 그러면서 더 유리한 위치를 차지하게 되는 반면 그렇지 않은 사람은 더 불리해진다.

돈도 버는 사람이 더 번다. 외국의 한 유명인이 이런 말을 했다. "백만장자가 되기는 매우 어렵다. 그러나 억만장자가 되기는 쉽다." 돈 없는 사람이 10억 모으기는 매우 어렵다. 그러나 부자가 더 큰 부자 되는 것은 상대적으로 쉽다.

그러므로 마태 효과에서 배울 수 있는 교훈은?

1. 금수저로 태어나라.

2. 초기부터 좋은 교육을 받고 좋은 대학과 좋은 직장에 들어가라.

3. 직장에 들어가면 빠르게 눈에 띄고, 고시를 본다면 빠르게 좋은 성적으로 패스하라. 싸우려면 강자와 싸워 존재감을 드러내라. 사업을 하려면 젊은 나이에 성공하라. 투자를 받으려면 최고의 VC(벤처 캐피털)에서 투자받고 학력·경력이 화려한 임원을 포진시켜라. 그리고 그것을 레버리지하라.

그러나 당신이 금수저도 아니고 스타트가 좋지도 않다면?

1. 자신이 잘할 수 있고 성과를 명확히 측정할 수 있는 영역을 정해 거기서 존재감을 드러내라. 예를 들어 스펙이 약하다면 성과를 측정하는 것이 불분명하고 고스펙 출신이 그득한 스태프 부서에 가지 말고 영업 부서나 전문 기술 부서 등으로 간다.

초기 시험 성적으로 직장 생활 내내 줄 세우는 조직을 피한다. 자신만의 틈새 영역을 타깃으로 삼고 거기서 최고가 된다.

2. 게임 룰이 정해진 곳으로 가지 말고 자신이 게임의 룰을 만들 수 있는 곳으로 가거나 자신이 그런 곳을 만든다.

3. 금수저가 아닌 사람이 어려운 환경을 극복한 스토리가 스펙보다 사람들에게 훨씬 큰 영감을 준다는 것을 기억하라. 사람들은 금수저나 은수저를 부러워하지만 사랑하지는 않는다.

마태 효과의 덕을 보는 사람들은 대개 자기의 재능과 노력을 과대평가하게 된다. 자신의 성공이 자신의 재능과 노력 덕이라 여긴다. 그러므로 착각하고 오버하다가 한 방에 가기도 하고 사기꾼으로 전락하거나 거품이 꺼져 쫓겨나기도 한다. 산이 높으면 골도 깊은 법이다. 그러므로 자신이 성공했거나 높은 위치에 있다면? 마태 효과의 영향이 큼을 기억하고 겸허할 필요가 있다.

커리어
첫 10년에는

직장 생활 3년 차쯤 된 어떤 회사의 한 주니어 직원이 내게 물었다. "요즘 친구들과 이야기하면 '어디에서 얼마 받느냐'가 대화의 주제입니다. 더 많은 연봉을 받는 친구가 제일 성공한 사람으로 인정받고요. 저는 뒤처진 듯한 느낌이라 불안합니다."

내가 물었다. "앞으로 어떤 커리어를 지향하나요? 안정되게 직장 생활을 하는 것에 초점을 두나요? 아니면 빠르게 성장하고 더 큰 영향력을 발휘하고 싶은가요?" 그는 이렇게 답했다. "후자입니다."

나는 성장을 갈구하는 초년생들에게 두 가지를 제안한다.

우선, 커리어 초기 10년에는 직위나 보수보다 최대한 실력을 키우고 성장할 수 있는 환경에 자신을 던져라. 고수 상사를 만나서 훈련받아라. 어차피 초기에 월급 더 받는다고 부자가 되지 않는다.

또, 가능하다면 첫 직장이나 초기 직장은 경영 인프라가 괜찮은 기업을 선택하라. 그리고 가능하다면 그다음 단계 커리어로는 빠르게 성장하는 기업이나 부서, 업무를 택하라. 물론 첫 직장이 인프라도 좋고 빠르게 성장하는 기업이라면 가장 좋다.

첫 회사로 초기 스타트업을 적극 권하지 않는 의미는 스타트업이 안 좋다는 게 아니라 편차가 너무 크기 때문이다. 물론 창업자가 잘 훈련되고 단단한 기반 위에 세운 훌륭한 스타트업도 있다. 이 경우라면 행운이다. 많이 배우고 빠르게 성장할 수 있기 때문이다. 스케일업이 된다면 성장의 과실도 맛볼 수 있다. 그러나 창업자가 자기 마음대로 경영하는 경우도 적지 않다. 원칙이나 문화, 시스템에 대한 이해 없이 독재, 꼼수, 머니게임으로 경영하는 경우도 있다. 백지 같은 주니어들이 이러한 회사에 들어가면 그런 방식이 스탠더드인 줄 알고 그대로 배우게 된다. 이는 평생 커리어에 좋지 않은 영향을 미칠 수 있고, 회사를 창업하거나 조직을 리딩할 때 배운 대로 할 위험 또한 크다. 게다가 회사가 어려워지면 문제가 생긴다. 전문성이 부족하기에 갈 곳도 마땅치 않다. 스타트업으로 커리어를 시작한다면 당장 급여보다 CEO의 평판과 배울 수 있는 사람이 있는지 체크하고 회사가 어려워질 위험에 대비해 열심히 배우고 최대한 전문성을 갖추어야 한다.

직장 커리어 초기에는 선택이 가능하다면 문화와 시스템, 교육 체계, SW 시스템을 어느 정도 갖춘 회사에서 기반을 닦는 것을 권한다. 글로벌 회사나 대기업, 빅 테크 기업이면 좋겠지만, 침체기를 넘겨 어느 정도 체계가 갖추어진 강소 기업이나 벤처 회사, 스타트업 중에도 이런 기업이 있다. 전문성도 길러야 하지만 프레젠테이션, 글쓰기, 팀워크, 소통법, 툴 다루는 법 등 다양한 소프트스킬을 익히고 필요한 자격증도 획득한다. 또 회사가 어떻게 경영되는지 익힌다. 이러한 기반을 잘 익히면 향후 어떤 커리어를 쌓든 큰 기반이 된다. 이런 과정을 거치는 데 3~7년 정도 걸릴 것이다. 이런 회사가 성장 속도까지 빠르다면 최상이고 계속 근무하면 되지만, 이러한 행운을 누리기는 쉽지 않을 것이다.

물론 이렇게 하고 싶지만 그런 회사에 입사하기 어려운 사람이 더 많다. 그렇다고 기회가 없는 것은 아니다. 두 가지 옵션이 있다. 하나는 현재 회사에서 눈을 크게 뜨고 최대한 배워라. 어느 회사에나 고수가 있으니 그에게서 훈련받아라. 회사 교육 과정이 없다면 외부에서라도 배우고 익혀라. 물론 노력이 더 필요하다. 또 하나는 전문성을 쌓아 이직하는 것이다. 그러기 위해서는 고수에게 배우고 노력해 전문성을 기르고 약한 연대 weak tie를 만들어라.

기반을 닦은 다음에는 선택할 수 있다면 빠른 성장 환경을 경험하는 것을 추천한다. 동일한 역량과 자질을 갖춘 사람이라도 어디에서 일하는가에 따라 성장 속도가 완전히 다르다. 성장 속도가 빠른 회사인가, 느린 회사인가에 따라 몇 년 지나고 보면 역량에 매우 큰 차이가 난다는 것을 알 수 있다. 누구에게 배우는가도 중요하다. 내게 배웠던 분들은 다 힘들어하지만 어딜 가든 일 잘한다는 이야기를 듣는다. 만일 이직하기 어렵다면 회사 내에서 성장 속도가 빠른 부서 또는 도전적이고 난도 높은 업무에 자원하는 것이 좋다. 거기에서 뛰어난 상사를 찾아 훈련받아라. 이때 난도가 높다는 것과 일이 많다는 것은 차이가 있다는 것을 기억하라. 성장하기 위해서는 난도 높은 업무가 필요하다. 그저 정신없이 밤낮으로 바쁘기만 한 업무는 번아웃을 가져올 뿐이다.

10년 정도 이러한 훈련을 했다면 이후에는 자신의 커리어 목적, 가치와 성향에 따라 커리어를 선택할 수 있다. 그때 직책과 연봉도 점프업하라. 어떤 사람은 스타트업을 선택해 빠른 성장을 경험하고 싶을 수도 있고, 어떤 사람은 안정된 곳에서 일하는 것을 선택할 수 있다. 또 어떤 사람은 큰 조직에서 자신의 노하우를 전파하고 싶을 수도 있다. 어떤 사람은 관리자, 경영자 트랙을 추구할 수도 있다. 부캐도 만들 수 있다. 단, 돈, 큰 성장, 안정 등 모든 것을 얻기는 어려우니 뭔가 포기해야 한다.

분명한 것은 초기 10년 정도는 한눈팔지 말고 본업을 타이트하게 훈련받아야 한다는 것이다. 이러면 이후 선택에서 유연성을 확보할 수 있다. 선택이란 능력이 있는 자에게 주어지는 것이다. 능력이 있다면 주체적으로 선택할 수 있는 폭이 넓어진다. 능력이 부족하면 수동적으로 누군가의 선택과 배치를 기다리는 수밖에 없다.

"그래도 저는 그렇게 힘들게 실력 쌓고 속도 빠른 환경에 저를 던지기보다 그냥 여유롭게 직장 생활을 하고 싶어요"라고 한다면 그것도 괜찮다. 어차피 가치의 문제이기 때문이다. 젊은 시절부터 가치와 소신이 분명하다면 어떤 것을 하든 괜찮다. 그러나 대개 젊은 시절에는 목적이나 가치가 불명확하다. 무엇이 옳은 방향인지 알기 어렵다. 그러므로 기반을 최대한 쌓아 이후 선택의 폭을 넓히는 게 낫다는 것이다. 최악은 가치와 소신도 없이 실력을 급속히 쌓는 것도, 재테크를 잘하는 것도, 그렇다고 마음껏 노는 것도 아니고 어영부영 시간만 보내는 것이다. 그러다 어느새 마흔이 되고 쉰이 된다.

실력은 연차와
큰 관련이 없다

　　어떤 사람이 "제가 새로운 업무를 맡는데 걱정이 많습니다. 이미 그 업무만 몇 년이나 한 베테랑이 많습니다. 제가 따라갈 수 있을지 걱정됩니다"라고 이야기했다.

　　첫 번째 직장에서 나보다 6개월 늦게 입사한 분이 있었다. 소위 최고 대학 출신도, 컴퓨터 전공자도 아니었다. 다들 외국계 기업의 특혜인 정시 퇴근을 즐기고 있을 때 그는 퇴근 후 매일 혼자 컴퓨터실에 올라가 실습을 했다. 처음에는 저러다 말려니 했는데 1년간 꾸준히 계속했다. 그러더니 실력이 눈에 띄게 좋아졌다. 몇 년 차 대리급보다 훨씬 더 잘 다루게 되었다. 3년 차가 되자 실력이 과장급 정도로 향상되었다(지금은 유명 글로벌 회사 지사장이다).

예전에 전통 시장 점포의 배치와 디자인을 바꾸도록 도와 매출을 올려주는 여성 컨설턴트 이야기를 들은 적이 있다. 시장에 들러 가게를 둘러보며 물품 배치나 디자인만 조금 바꾸어 줘도 더 많은 고객이 방문할 것 같은데 왜 상인들은 저렇게 항상 똑같이 하고 있을까 하는 생각에서 일을 시작했다고 한다. 처음에는 컨설팅을 받으려는 사람이 거의 없었지만, 점차 효과가 나타나면서 유명해졌다.

그 사람이 이런 말을 했다. "제가 컨설팅을 하면서 고객들한테 가장 많이 들은 말은 '내가 이 일을 20년 이상 했다. 젊은 네가 시장에 대해 도대체 뭘 안다고 지적질이냐'라는 것이었습니다. 그런데 그분들은 시장 일은 오래 했어도 자신이 일하는 방식에 대해 의문을 품은 적이 전혀 없었기에 성장할 수 없었습니다."

우리는 한 가지 일을 오래 하면 당연히 뛰어난 실력을 갖추고 있을 거라고 생각한다. 그런데 의외로 많은 직장인의 성장 곡선은 J 커브가 아니다. 오히려 초기에 급상승했다가 시간이 갈수록 평탄해지는 커브를 경험한다. 기업 규모가 커지고 사업 구조가 안정적일수록 이런 현상이 두드러진다. 오래 할수록 '말발'과 '관계력'은 높아지지만 코어가 되는 실력은 3년 차나 10년 차나 큰 차이가 없는 경우가 많다.

나는 이것을 '곰국 우려먹듯 직장 생활 한다'고 표현한다. 실력이란 연차가 많다고 그저 같이 상승하는 것이 아니다. 동일한 일을 오래 한다고 실력이 쌓이는 것이 아니다. 평생 집에서 밥하고 요리를 한다고 셰프가 되는 게 아닌 것과 같다. 오랫동안 밥하고 요리하면 능숙해지긴 하겠지만 전문가가 되는 것과는 다르다. 평생 수영을 하고 골프를 친다고 프로가 되는 게 아니다.

실력을 키우려면 ① 더 높은 목표를 설정하고 의도적인 훈련을 해야 한다. 물론 여기에는 절대 시간이 필요하며, 피드백과 코칭을 받으면 더 좋다. 그런데 무조건 시간을 투자하고 열심히 한다고 되는 게 아니다. 동일한 방식의 반복과 열심은 사람을 편하게 할 뿐 실력을 향상시키는 것이 아니다. 이를 착각해서는 안 된다. 또 ② 기존에 해온 방식에 의문을 가지고 다른 관점으로 보며 다른 방식으로 변화를 시도해야 한다.

지금 익숙하고 편하다면 성장이 정체되어 있을 가능성이 높다. 약간 불안하고 두려우며 적절한 스트레스가 있을 때 사람은 성장한다(너무 큰 스트레스는 자포자기나 번아웃을 부른다).

그러므로 그냥 설렁설렁 연차를 쌓은 사람을 추월하는 것은 어렵지 않다. 1~3년 열심히 한다면 충분하다. 또 다른 일을 해본 사람은 오히려 새로운 관점으로 볼 수 있다. 과거의 경험 또한 연결되어 차별점을 만들 수도 있다. 그러므로 당신이 성장 열망이 강하고 학습 능력이 좋은 사람이라면 염려할 필요 없다(자신에게 성장 열망이나 학습 능력이 있는지 모르겠다고? 걱정하지 마

라. 이 글을 읽고 도전을 받는다면 당신은 성장 열망도 학습 능력도 있다

고 내가 보증한다).

인맥이 부족하고
내향적인 사람의
커리어 생존 비결

어떤 책에서 저자의 흥미로운 경험에 대해 읽은 적이 있다. 국내 회사에만 다니다 글로벌 회사로 이직하고 싶었는데, 아무 인맥이 없었다. 무작정 이력서를 100여 군데 냈지만 연락이 온 곳은 하나도 없었다.

고민만 하던 그는 싱가포르에서 일하던 후배에게 물었다고 한다. 그 후배의 말은 이랬다. "불가능합니다. 외국에서 공부하거나 근무한 경험이 없는 한국인을 글로벌 회사에서 왜 채용하겠어요? 입장을 바꿔 생각해보세요." 이 말을 듣고 실망하긴 했지만, 실력에 자부심이 있었기에 다른 시도를 해보기로 했다.

그는 소셜미디어에 자신이 잘하는 분야인 시장과 경제에 대한 인사이트를 영어로 꾸준히 기록했다. 그러자 해외 팔로워들이 조금씩 증가했다. 시간이 지나자 이력서를 내지 않았는데도 일류 컨설팅펌을 비롯해 다양한 곳에서 오퍼가 들어오기 시작했다고 한다.

나도 유사한 경험을 한 적이 있다. 지금은 많이 변했지만, 예전에는 술이나 골프에 흥미가 없었다. 누구에게 아부하거나 요청하는 것을 매우 싫어했기 때문이다. 사람들은 그런 내가 어떻게 대면 영업이 중요한 B2B 사업을 오래 해오며 훌륭한 성과를 내는지 이해가 안 된다고 묻는다.

나는 어떤 영역이든 사업을 하면서 내가 발견하고 공부한 인사이트와 지식을 글과 강연으로 꾸준히 남겼다. 이해관계를 따지지 않고 내 지식과 경험을 필요로 하는 사람들에게 아낌없이 도움을 주었다. 우리가 가진 특정 제품이나 서비스를 팔려고 하는 게 아니라, 고객의 문제를 공감하고 종합적으로 해결해주는 데 집중했다. 그러자 고객이 먼저 연락하거나 고객사에 가도 이미 나를 아는 분들이 많았다. 당당하게 고객을 대하면서도 다양하고 훌륭한 네트워크를 만들 수 있었다.

평소 다양한 외부 활동을 잘하는 사람들은 적극적으로 인맥과 네트워크를 만들어나간다. 그러나 당신이 내향적이고 사람들과 잘 어울리지 못해 인맥과 네트워크가 부족하다면? 실망할 필요 없다. 다 길이 있다.

그럼 어떻게 해야 할까?

1. 실력을 쌓는다.

2. 자신의 지식과 통찰을 진정성 있는 방식으로 꾸준하게 글과 강의 등으로 남긴다. 블로그, 소셜미디어, 기고, 논문, 학회, 컨퍼런스, 대학 강의, 커뮤니티 등을 활용할 수 있다.

3. 회사의 제품과 서비스를 팔려는 것이 아니라 상대방의 문제를 공감하고 해결책을 제시하려 한다.

멋진 인터뷰나 홍보를 하라는 것이 아니다. 이는 사람들에게 영향을 별로 주지 못한다. 진정성과 꾸준함이 필요하다. 사람들은 '당신이 얼마나 잘났는가'보다 '자신에게 어떤 도움이 되는가'에 관심이 있다.

이러다 보면 당신의 영향력이 확산되고 브랜드가 조금씩 만들어진다. 그러면 찾아다니며 하나하나 부탁하고 설득하지 않아도 사람들이 스스로 당신을 찾아온다.

워커worker가 아닌
플레이어player와
프로pro로

한 직장인이 물었다. "직장에서 저는 마치 기계 부품인 톱니바퀴 역할을 하는 것 같습니다. 회사에서 성공했다고 하는 임원들도 비슷한 듯 보입니다. 열심히 일하고 대우받기는 하지만 누가 하든 큰 차이가 없는 일을 하는 것 같습니다. 그러다가 후배들에게 따라잡히고요. 이러한 상황을 벗어나려면 창업이 답일까요?"

물론 환경은 사람을 변화시킨다. 꼼꼼함이 요구되는 직무를 오래 하다 보면 매우 꼼꼼해지고, 대인 관계가 필요한 직무를 하다 보면 사교적인 사람이 된다. 보수적인 회사에서 근무하는 직원은 대부분 보수적으로 변하고, 자유로운 환경에서 근무하는 직원은 대부분 자유롭게 변한다. 시스템적인 체계에서 운영

일을 하는 사람은 절차대로 일을 하게 되고, 창의성이 중요한 업무를 하는 사람은 대개 자유로운 발상에 익숙하다. 그러므로 어떤 문화의 기업에서 일하고, 어떤 직무를 담당하는가에 따라 개개인의 모습이 달라지는 것은 분명하다.

그러나 회사에 있다고 해서 반드시 톱니바퀴처럼 사는 것도 아니고, 창업을 한다고 해서 반드시 자유인처럼 사는 것도 아니다. 이보다 중요한 것은 스스로를 어떻게 규정하는가다.

도쿄대학교 경제대학원 이토 모토시게 교수는 이렇게 말한다. "회사에서 맡은 일을 열심히 하는 것은 워크work다. 개인은 워커worker라 부르고 워커는 톱니바퀴의 일부를 담당한다. 다른 사람이 그 일을 담당해도 회사에는 아무 지장이 없다. 워커에게 중요한 것은 자신이 속한 톱니바퀴가 얼마나 크고 단단한가다. 워커는 자신의 경쟁력보다 자신이 속한 회사를 자랑한다. 그러나 워커가 잘사는 시대는 저물어간다. 이제 플레이어player가 필요한 시대가 오고 있다. 플레이어는 컴퓨터나 타인이 대체할 수 없는 독특한 전문성을 갖추고 있다. 톱니바퀴에서 빠져나와도 생존할 수 있는 사람이다."

어떤 위치에 있든 자신을 워커로 규정하기보다 플레이어로 규정하라는 것이다. 프로 선수를 보라. 물론 그들은 팀에 소속되어 있을 때는 소속 팀을 위해 최선을 다한다. 그러나 그들은 그곳에 영원히 속해 있지 않고 자신의 가치와 개성을 다져나가려 한다. 그리고 더 큰 가치를 제공할 수 있는 곳을 선택한다.

자유란 회사를 나와 그저 휴가를 즐기는 것이나 자기 회사를 창업하는 것이 아니다. 자유란 '선택할 수 있는 힘'이다. 자신에게 필요한 커리어를 선택할 수 있는 역량이 있다면 커리어에서 자유를 획득했다고 할 수 있다.

그러면 어떻게 자유를 획득할 수 있을까? 그것은 플레이어로 살 때 가능하다. 자신을 부품으로 여기지 말고 플레이어로 여겨라. 플레이어는 프로다. 회사를 경기장으로 보라. 그리고 자신을 프로 축구 선수라고 생각해보자. 어떻게 플레이할 것인가? 축구 선수는 기본 룰만 지키면 된다. 룰 안에서 자신의 역량을 마음껏 발휘한다. 그리고 경기가 없을 때는 스스로의 가치를 높이기 위해 훈련한다. 플레이어의 삶 또한 이러하다. 일터를 역량을 발휘하고 성취를 경험하며 자신의 가치를 더 키울 수 있는 경기장으로 여긴다. 그리고 룰을 지키되 창의적으로 뛴다. 경기장에 없을지라도 자신의 가치를 높이고 남들이 대체할 수 없는 독특한 무엇을 갖추기 위해 훈련한다. 그러면 자신의 브랜드가 생기고 스스로 커리어를 선택할 수 있게 된다.

반면 워커는 회사의 매뉴얼과 프로세스에 따라 한정된 일, 상사가 시키는 일만 한다. 그러니 더 이상 실력이 늘지 않고 창의성을 발휘하지 못한다. 그러므로 언제든 대체할 수 있다. 그래서 항상 상사와 회사의 눈치를 본다. 다른 곳으로 이직할 만한 경쟁력이 없기 때문이다. 인간관계와 정치에 초점을 맞추고, 그곳에서 잘리지 않는 것과 운이 좋으면 승진하는 것을 최대 목표로 삼는다.

앞에서도 언급했지만 첫 직장에서 나보다 6개월 늦게 들어온 직원이 있었다. 최고의 대학 출신도 아니었고 컴퓨터 공학을 전공하지도 않았다. 그런데 그 직원은 남들과 달랐다. 다른 직원들은 대부분 자신에게 주어진 일만 처리했다. 그런데 그는 매일 퇴근 후 회사 컴퓨터실에 가서 프로그래밍 등 다양한 실습을 했다. 모르는 것은 선배들에게 물어보았다. 사람들 대부분은 그를 무시했다. "아니, 유별나게 왜 저래"라는 반응이었다. 그는 아랑곳없이 1~2년간 꾸준히 그런 과정을 거쳤다. 그러자 놀랍게도 그의 실력은 5년 차 이상 선배의 실력과 비슷해졌다. 회사에서는 그의 능력을 놀랍게 여겼지만 높은 대우를 해주지 않았다. 그러자 그는 몇 년 후 과감히 다른 곳으로 옮겼다. 이후 그는 세일즈로 영역을 변경했다. 그리고 빠른 시간에 압축적인 성장을 보였고 남들보다 빨리 임원이 되었다. 이후 갑자기 잘나가던 회사를 그만두고 해외에 MBA를 공부하러 나갔다. 그는 지금 큰 외국계 회사의 지사장으로 활동하고 있다. 그는 한 번도 창업한 적이 없지만 플레이어로서 커리어를 쌓았다.

나 또한 3년의 창업 시기를 제외하면 대부분 회사에 소속되어 커리어를 쌓았다. 그러나 한번도 나 자신을 톱니바퀴라고 생각해본 적이 없다.

물론 워커보다 플레이어가 낫다는 것은 아니다. 개인의 철학에 따라 워커를 선택할 수도 있다. 그러나 자신이 플레이어

로서 커리어를 쌓는 것을 선택한다면 다음과 같이 커리어 여정
을 밟아나갈 필요가 있다.

나이와 경력으로 자신을 평가하고 한정 짓지 않는다.

누군가가 동기를 부여하기를 기다리지 않고 스스로 동기부여한다.

**지시대로 일하기보다 룰 안에서 최대한 자신이 주도권을 가지고 일
한다.**

평론하거나 비판하지 말고 행동한다.

더 뛰어난 사람, 배울 만한 사람에게 코칭받는다.

자신의 차별화, 전문성, 실력, 개성, 가치를 키운다.

자신의 책임을 확대하고 몸값을 높인다.

성과로 말한다.

자신의 삶을 스스로 책임진다.

이러한 여정은 분명 워커보다 힘들고 도전적이다. 그러나
고통pain이 없는 이득gain은 없다. 또 고통조차 즐거움과 보람
이 될 수 있다. 이 책을 읽는 독자들은 부디 플레이어로 살기를
바란다.

무경계 능력자

내게 "왜 대기업, 쟁쟁한 글로벌 기업 출신 사람들을 영입했는데 실패하는 경우가 많을까요? 능력을 발휘하길 원했는데 시스템이 안 갖춰져 있다느니 조직이 필요하다느니 계속 요구만 하며 잘나갔던 예전 이야기만 하는 분들이 많아요" 라고 묻는 사람이 많다.

많은 회사들이 선진 기업의 경영이나 사업, 기술 능력을 배우기 위해 글로벌 기업이나 테크 기업, 컨설팅 펌, 최고 대기업 출신 인재를 영입한다. 그렇게 해서 성공한 사례도 있지만 사실 실패가 더 많다.

미국의 한 연구에서도 외부 영입 인력은 내부 인력보다 18% 이상 높은 연봉을 받지만 이직률은 61%나 높고 내부 승진자와 동일한 성과를 거두는 데 3년이나 걸린다고 한다.

서울대학교 강성춘 교수는 다음과 같은 공식을 제시한다.

개인의 조직 내 가치 = 개인의 인적 자본 + 사회적 자본 + 조직 자본

개인의 인적 자본이란 개인의 역량이다. 사회적 자본이란 뛰어난 동료를 의미하고, 조직 자본이란 조직의 좋은 문화나 시스템을 의미한다. 즉 어떤 인력이 성과를 내는 것은 개인의 역량 때문만이 아니라는 것이다. 뛰어난 동료와 조직의 문화, 시스템이 결합되어 성과를 낸다. 그는 개인의 인적 자본이 미치는 영향은 30% 정도라고 했다.

어떤 기업이 인재를 영입한다는것은 그중 인적 자본만 가져오는 것이다. 선진 기업은 대개 사회적 자본과 조직 자본이 뛰어나기 때문에 개인의 성과는 과대평가된다. 그러므로 영입 시 명성보다 실제 실력이 떨어지는 경우가 많은 것이다. 오히려 사회적 자본이나 조직 자본이 미미한 곳에서 뛰어난 팀을 꾸리는 사람이 진짜 고수요 실력자일 가능성이 높다(이런 인재를 찾아라!).

그런데 히딩크처럼 조직을 옮기면서도 지속적으로 성과를 내는 사람이 있다. 이런 사람을 강 교수는 '무경계 경력자'라 불렸다. 이들은 조직의 경계를 넘어서도 자신의 경력을 발전시키고 성과를 내기에 무경계 경력자라 불리는 것이다. 나는 이 표현보다 '무경계 능력자'라는 표현을 쓰고 싶다.

이런 사람은 도대체 어떻기에 이런 결과를 낼까?

이들은 개인의 역량이 뛰어날 뿐 아니라 다양한 기업에서 다양한 사람과 일한 경험을 거치면서 꾸준히 학습해 자신을 한 단계씩 성장시킨다. 새로운 조직에 왔을 때 과거의 사회적·문화적 자본을 고집하거나 그것과 비교하지 않는다. 새로운 조직의 사회적 자본과 문화적 자본을 존중하고 유연하게 습득한다.

기존 인력을 무시하지 않고 인정하며 하나가 된다. 꼭 필요한 인원 외에는 외부인 영입을 최소화하고 기존 인력을 발굴하고 성장시키며 강화하는 데 초점을 맞춘다. 명확한 성과 창출 방법론을 지니고 있다. 그리고 해당 조직에 적합하게 이를 커스터마이징하고 전략을 도출해 성과를 낸다. 이들은 조직에 바인딩되기보다 자신의 성장과 가치를 더 중요시하기 때문에 자신의 목적을 달성하면 언제든 다른 곳으로 이동할 가능성이 높다.

만일 당신이 영입하는 입장이라면 이들을 어떻게 활용하는 것이 가장 좋을까? 우선 이들에게 전적으로 의지하지 말아야 한다. 내부 핵심 인력을 맡겨 최대한 가르치게 하라. 그래야 이들이 떠나더라도 이들의 역량이 내부 인원에게 녹아든다. 그렇지 않으면 얼마 안 있어 원 상태로 돌아간다.

당신이 직장인이라면? 여기 네 가지 선택지가 있다.

1. 경계 무능력자
2. 경계 능력자
3. 무경계 무능력자
4. 무경계 능력자

당신의 선택은 무엇인가?

AI 시대의 인재

원시시대에는 어떤 사람이 리더가 되었을까? 사냥 잘하고 물리적으로 힘이 센 사람이었다. 지금 그들은 스포츠 경기장에 있다. 이후 지금까지 이어진 '지식시대'의 리더는 누구일까? 기존 지식을 잘 흡수하고 응용해 주어진 문제를 잘 푸는 사람이었다. 과거에는 소위 좋은 직업에 대한 선택지가 많지 않았다. 법조인, 의사, 대기업, 공무원 등 선택지가 한정된 상태에서 필요한 것은 '경쟁'뿐이었다.

그래서 지금까지 대부분의 학생이나 직장인에게 중요한 것은 'best' '1등'이었다. 다 비슷한 길을 가고 표준화되어 그 안에서 경쟁했고 자신만의 길이 무엇인지, 행복이 무엇인지 생각할 사이도 없이 다들 비슷한 인생을 살았다. 어딜 가든 주어진 지식을 잘 흡수하고 남들과 경쟁해 1등을 하고 조금이라도 앞서는 것이 목표였다. '행복은 성적순'이라는 통념이 있었고 이는 어느 정도 진실이기도 했다.

그러나 이제 시대가 바뀌어가고 있다. 기성세대를 지금까지 성공시킨 방식은 인공지능이 대체할 것이다. 원시시대 리더를 이제는 경기장에서나 볼 수 있는 것처럼, 기존 지식을 잘 흡수해 주어진 문제를 잘 푸는 지금 시대의 리더는 향후 퀴즈 쇼에서나 볼지도 모른다.

이제 필요한 것은 진짜 '생각하는 능력', 즉 '문제를 찾아내고 창의적으로 해결하는 능력'이다. 웬만한 문제는 다 풀렸고 나머지도 인공지능이 풀어나갈 것이다. 남은 것은 명확해도 답하기 어려운 문제뿐이다. 예를 들어 비만을 치료하는 문제는 해결하기만 하면 백만장자를 넘어 조만장자가 될 것이다. 그러나 답은 어렵다. 리만 가설은 널리 알려진 문제지만 답을 내기 어렵다.

그러므로 기회는 알려진 문제를 푸는 게 아니라 문제를 찾아내는 데 있다. 사업 기회가 되는 문제는 두 종류다. 하나는 불평, 불편, 불만, 불안, 답답, 장애 등을 해소하는 것이고 또 하나는 행복, 즐거움, 편안을 주는 것이다. 사람들의 불편을 해소하거나 행복을 주는 문제를 찾는 것이 기회다. 그것이 'and'면 훨씬 좋으나 'or'도 괜찮다. 그러므로 불평과 불만이 있는 곳에 기회가 있다. 그런데 문제만 찾는다고 다 해결되는 것은 아니다. 그 문제를 획기적으로 풀어야 한다.

문제를 찾으려면 호기심이 필요하다. 호기심과 관찰 없이는 문제를 찾을 수 없다. 우버는 택시 잡기 힘들다는 불만에서 탄생했다. 에어비앤비는 '빈 공간을 어떻게 활용할까?'라는 호기심에서 나왔다. 문제를 획기적으로 해결해야 한다는 것은 무슨 뜻일까? 획기적이라는 것은 기존과 다른 방식으로 푼다는 의미다.

기존보다 조금 나은 정도로는 고객을 끌지 못한다. 최소한 2배 나아야 하는데 그러려면 '선형linear'이 아닌 '비선형nonlinear' 사고가 필요하다. 미국의 기업인 피터 틸의 말을 인용하자면 근본적인 것을 바꾸는 '제로 투 원zero to one'의 사고가 필요하다.

문제를 혁신적으로 해결하려면 기존 통념, 사고, 아이디어, 가정을 부인할 줄 알아야 한다. 그런데 이러한 태도는 학생들을 대학 입학까지 이끄는 방식과 정반대다. 학생들은 기존 통념, 사고, 가정, 아이디어를 잘 받아들이고 비판 없이 습득해야 좋은 점수를 받고 소위 좋은 대학에 입학할 수 있다. 이것도 필요하기는 하다. 뛰어난 운동선수를 보라. 처음에는 남들이 한 것을 그대로 배운다. 그러나 그 후에는 그것을 파괴하고 자기만의 방식을 만든다.

남들을 따라 하는 것은 지금까지로 충분하다. 앞으로도 지금까지 하던 방식을 고수하는 태도로는 AI 시대에 크게 성공하기 어려울 것이다. 이제는 '1등' 'best'가 아닌 'first' 'unique'가 요구되는 시대다. 점점 더 다양한 길이 열려 있다. 기성세대가

딴따라라 비웃던 가수들이 지금은 BTS처럼 전 세계적으로 영향을 미치는 유명 인사가 되고, 대도서관 같은 유튜버는 기성 세대가 한심하다고 여기는 게임 중계로 최고의 스타가 되었다. 당장은 취업 이슈, 주택 이슈 등으로 암울해 보여도 미래까지는 시간이 아직 많이 남았고 과거와 다른 새로운 기회가 있다.

아마존 창업자 제프 베이조스는 제일 똑똑한 사람은 새로운 사고, 아이디어, 가정을 받아들이고 과거의 관념을 과감히 포기할 줄 아는 사람이라 했다. 이제 일관성이 없는 사람, 삐딱한 사람이 성공하는 시대다. 이것이 비관적이라는 의미는 아니다. 세상을 바꾼 사람 중 대부분은 낙관적이다. 미래와 기술에 대해 한없이 낙관적이되 열려 있고 반역적 생각을 했다. AI 시대에는 이러한 사람이 필요할 듯하다. 그러므로 지금까지 성공한 방정식을 버려야 한다.

알리바바 창업자 마윈은 하버드대학교에 열 번 지원했는데 다 떨어졌다고 했다. 물론 떨어질 수밖에 없었다. 중국의 삼류 대학에 4수 만에 붙은 사람이기 때문이다. 하버드에서 받아줄 리 만무했다. 그러나 마윈이 하버드에 갔더라면 알리바바는 없었을 것이다. 마윈은 하버드대학교에서 입학을 거절당했지만 이제는 그곳에서 강의할 수 있는 사람이 되었다. 페이팔의 창업자이자 백만장자 피터 틸은 스탠퍼드대학교 로스쿨을 졸업한 후 법관이 되려 대법관 보좌관직에 지원했으나 떨어졌다. 피터 틸은 이후 자신의 책에 이렇게 썼다. "만일 내가 그때 합격했더라면 아마 사건 조서를 쓰거나 남의 계약서 초안을 쓰며 평생을 보냈을 것이고 새로운 것은 아무것도 만들어내지 못했을 것이다." 물론 결과론적 해석일지 모르지만 통념적으로 좋은 길이 바람직한 길이 아닐 수 있다. 그러므로 시험에 떨어졌다고 해서 실망할 이유가 없다. 친구들이 로스쿨에 가고 공무원 시험에 합격했다고 부러워할 필요도 없다. 인생이 거기서 끝난 게 아니기 때문이다.

창업을 하든 직장에 가든 공무원이 되든 중요한 것은 '세상에 기여하는 것'이다. 이 글을 읽는 독자는 비교적 혜택받은 사람일 가능성이 높다. 그렇기에 남들이 가는 길을 따라 그저 잘 먹고 잘 사는 사람들이 아닌 호기심과 열정, 남과 다른 생각, 통념을 넘어선 용기로 세상에 조금이라도 변화를 주는 사람이 되면 좋겠다.

20

인생은 길어지고
퇴임은 빨라진다

퇴직 통보를 받은 대기업 임원 후배가 찾아온 적이 있다. 분노, 허탈, 후회, 원망의 감정을 느끼고 공황장애까지 왔다고 했다. 수십 년간 몸담아온 회사에서 갑자기 퇴직 통보를 받으니 그런 감정에 휩싸이는 것은 당연할 수 있다.

과거 수명이 길지 않았던 시절에는 퇴임하면 대개 잠시 해외여행을 한 후 집에서 소일하며 지내는 것이 보통이었다. 특히 임원의 경우 많지는 않을지라도 노후를 어느 정도 보장할 수 있는 퇴직금이 주어지기에 골프 등 취미 생활을 하면서 세월을 보내곤 했다.

그러나 지금은 100세 시대다. 직장인의 퇴직 연령도 점점 낮아지고 있다. 50대에 퇴임한다면 아직도 인생이 50년이나 남아 있다. 물론 건강 나이를 고려하면 그보다는 시간이 덜 남아 있겠지만 퇴임하고 그냥 시간을 보내기에는 너무도 아깝다. 게다가 지금은 쉰이 넘고 예순이 넘어도 육체적 건강뿐 아니라 지적 능력도 그리 노쇠하지 않는다. 그러므로 자신이 원할 때까지 무언가 일을 할 수 있도록 준비하는 것은 필수다.

회사에서 퇴임하면 다음과 같은 진로가 있다.

첫째, 다른 회사에 취직해 유사한 업무를 수행한다. 이 경로가 퇴직자 대부분이 가장 바라는 진로다. 그러나 불행히도 퇴직자가 갈 곳이 많지 않다. 대기업은 대개 자사 출신 사람들을 감당하기에도 벅차다. 결국 능력이 출중하지 않은 이상 자신이 다니던 회사보다 레벨이 낮은 회사로 갈 수밖에 없다. 그러한 회사에서 타 회사 퇴임자를 채용하는 이유는 무엇일까? 특별한 영업적 목적이나 기존 기업의 기술을 확보하기 위해서다. 이러한 특별한 목적은 대개 기한이 길지 않다.

둘째, 겸임교수 등으로 학교에서 학생들을 가르친다. 사실 전문성이 높고 커리어 기간 중 박사 학위를 취득한 경우 교수로 일할 기회가 있지만 이러한 커리어도 많은 노력을 기울여야 쌓을 수 있다. 전임은 특히 쉽지 않다. 후학 양성에 대한 사명감이 있다면 일정 역할을 할 수 있지만 이 또한 나이에 한계가 있다.

셋째, 자신의 회사를 창업한다. 회사에서 퇴직하고 자신의 회사를 창업해 오랫동안 일하는 사람도 간혹 있다. 부러운 사람이다. 물론 돈이 많거나 아이디어와 인력이 어느 정도 준비되어 있다면 이러한 커리어를 쌓는 것이 가능하다. 그러나 그렇지 않다면 쉽지 않다. 젊었을 때만큼의 에너지가 나오기 어렵고 높은 자리에서 지시에만 익숙했던 사람이 밑바닥에서 하나하나 일구어간다는 것도 쉽지 않기 때문이다. 괜스레 모아둔 자금마저 날릴 위험이 있다.

넷째, 공직이나 정치계, 로펌, 사외 이사, 자문 등으로 진출하는 길이 있다. 물론 인맥과 능력이 충분하다면 이런 커리어로 성공하는 사람도 있다. 그러나 특수한 영역에 종사하는 경우에나 가능한 코스다.

다섯째, 코칭, 강의, 자문, 출간 등으로 현업 노하우를 전달하면서 일한다. 사실 퇴임한 사람의 책이나 강연이 지속적으로 인기를 끄는 것은 쉽지 않은 일이다. 현업에 있지 않으면 새로운 트렌드나 변화된 상황을 접하기 어렵기 때문이다. 결국 예전 경험만 이야기할 수밖에 없다. 그러면 시간이 지날수록 올드해진다. 또 이러한 영역에는 콘텐츠를 스스로 만들어낼 수 있는 능력, 글 쓰는 능력, 강의하고 코칭하는 능력이 필요하다. 이러한 능력은 미리 준비해두지 않으면 갑자기 키우기 어렵다.

여섯째, 전문가로서 계약직으로 역할을 지속한다. 현업에 있을 때 자격증을 획득한 후 전문성을 활용해 PM, 감리 등의 역할을 꾸준히 할 수 있다. 영업 전문가인 경우 영업 일을 지속할 수도 있다.

일곱째, 평소 부캐 또는 관심 가지던 영역을 살려 여가 생활을 하면서 수입을 얻는다. 국가나 공공기관에서 제공하는 일자리에서 역할을 할 수도 있다.

여덟째, 커리어와 무관하게 생계를 유지하기 위해 새로운 활동을 한다. 운전, 택배, 육체노동 등을 예로 들 수 있다.

퇴임한 후에도 일을 하기 위해서는 평소 커리어에 대한 계획을 세울 필요가 있다.

첫째, 현역 시절 쌓은 직무 능력을 평생 활용할 수 있는 방안을 찾아야 한다. 그렇지 않으면 커리어와 무관하게 누구나 할 수 있는 일밖에 하지 못한다. 그런 일은 진입 장벽이 낮기 때문에 효율 또한 매우 낮다. 부가가치가 높으면서 오랜 기간 할 수 있는 일을 찾기 위해서는 전문성이 필요하다. 특히 조직을 이용해 무언가를 할 수 있는 능력 또는 조직 안에서 하나의 기능으로 일하는 능력보다 개인이 혼자 가치를 만들어내고 수입으로 연결할 수 있는 부분이 필요하다. 즉 홀로서기 역량이 필요하다.

둘째, 경제력을 탄탄히 할 필요가 있다. 나이가 들어서도 경제적으로 문제가 있으면 생계를 위해 일하게 된다. 그러므로 커리어 중 본업에 충실할 뿐 아니라 투자 등을 통해 경제적 기반을 만들 필요가 있다.

셋째, 커리어를 이어가는 가운데 부캐를 만들어 이를 확장한다. 부캐는 단순한 취미가 아니라 자신이 생산자가 되고 적은 수입이라도 창출할 수 있는 영역이다. 어떤 사람은 부캐가 골프라고 한다. 그러나 골프 코치가 될 정도가 아니면 골프는 취미일 뿐이다. 부캐는 재미도 있으면서, 규모가 크지는 않더라도 자신이 생산자가 되고 적은 수입이라도 창출할 수 있는 영역이어야 한다. 그것이 강연이든, 코칭이든 미리미리 준비하고 관련된 인맥을 쌓아야 한다. 내가 아는 분은 직장 생활 중 코칭을 배워 재직 중 전문가로 인정받았다. 퇴임한 후에도 그 역량을 기반으로 코칭 활동을 지속하고 있다. 한 지인은 직장 생활 중 주말마다 목수 일을 배웠다. 이를 기반으로 공방을 만들고 수강생을 받아 가르치기도 한다. 그는 퇴임한 후에도 이 활동을 지속하려 한다.

퇴임하고도 활발하게 활동하는 사람들의 공통점은 현직에 있을 때 퇴임 후 무엇을 할지 미리 준비하고 주위 사람들에게 많이 베푼 이들이다. 이들은 '직'에 빠져 있지 않고 '업'을 만든 사람들이다. 그럼으로써 직책이나 직위가 사라져도 홀로서기를 할 수 있었다.

평생의 커리어는 대개 세 가지 단계를 거친다.

커리어 초기에는 오로지 자신에게 초점이 맞추어져 있다. '최고가 되어야지' '승리해야지' '성장해야지' 등 말하자면 'I'의 시기다.

커리어 중반이 되면 조직을 맡게 된다. 리더 역할을 하는 것이다. 이때의 초점은 'we'다. 이 단계의 초점은 I가 잘난 게 아니라 마치 오케스트라같이 we의 하모니를 만드는 것이다.

커리어 후기는 다시 I의 단계다. 큰 조직에서 리더십을 발휘하던 사람들도 그 조직을 떠나면 다시 개인으로 일할 수 있는 역량, 홀로서기 역량이 필요하다. 오케스트라 지휘자는 오케스트라가 없으면 할 수 있는 게 없다. 그러나 그가 바이올린 연주 역량도 같이 유지한다면 은퇴해도 바이올린 연주나 가르침으로 커리어를 지속할 수 있다.

결국 커리어는 I에서 we로, 그리고 다시 I로 돌아가는 과정이다. 주니어라면 최고의 I를 만들고, 리더라면 we의 역량을 기르며, 시니어가 된다면 다시 홀로 설 수 있는 I의 근육을 만드는 것이 커리어가 아닐까 싶다.

21

커리어는
미션을 성취하고
자유를 추구하는 여정

많은 젊은이들이 빨리 돈을 벌고 퇴직해 자유롭게 사는 꿈을 꾼다. 이들에게 커리어는 마치 '일회성 100m 달리기'와 같다. 최고 속도로 달리지만 달리고 나면 다시는 달리고 싶지 않은 길이다. 100m 달리기 결승점에는 화려하고 멋진 무언가가 기다리고 있을 것이라 생각한다. 출근을 고민하지 않고 늦게 일어날 수 있고, 마음껏 소비할 수 있고, 어디든 여행할 수 있다.

그러나 인간은 적응성이 강한 동물이다. 이러한 화려하고 멋진 순간은 곧 적응되고 평범하게 느껴진다. 며칠 늦게 일어나고 월요일을 걱정하지 않는 순간의 행복은 시간이 지나면 사라진다. 바쁜 가운데 즐기는 짧은 휴가와 여행은 달콤하지만 매일이 휴가인 삶은 그리 달콤하지 않다.

지금 2030 세대의 수명은 길어지고 있다. 특별한 문제가 없다면 최소한 100세까지 살 것이다. 이 긴 기간을 무엇을 하며 어떻게 보낼 것인가?

이에 더해 미래의 일자리 환경은 지금과 매우 다를 것이다. AI와 로봇이 더 확산되면 점점 많은 사람이 기본 소득으로 살아갈 가능성이 높다. 일자리는 감소하고 일자리 격차는 커질 듯하다. 전문성이 있고 차별화된 역량을 갖춘 사람만 오랫동안 일하는 시대가 올 수도 있다. 그러면 지금과 달리 노는 사람이 부러운 게 아니라 일하는 사람이 부러운 시대가 올지 모른다. 지금은 파이어족이 대단해 보이지만 그때는 일하는 사람이 대단해 보일 것이다.

이러한 상황에서 우리는 커리어를 어떤 관점으로 봐야 할까? 나는 100m 달리기가 아닌 '여정'의 관점으로 보라고 말하고 싶다. 전력으로 질주해 결승선을 통과하면 때려칠 것으로 보기보다 평생 걸어갈 여정으로 보는 것이다. 때로 산길을 지나기도 하고 물가를 지나기도 하며 다양한 경치를 누린다. 때로 빨리 달리기도 하고 때로 느리게 걷기도 한다. 이 여정에 필요한 두 가지를 말하고 싶다.

하나는 '목적'이다. 이 여정은 목적 없이 그냥 걷는 여정은 아니다. 자신만의 '미션'이나 '목적'을 향해 가는 여정이다. 그런 것이 없으면 그저 다람쥐 쳇바퀴처럼 먹이만 따라다니거나 비교의 굴레 아래 살게 된다. 이때 미션 또는 목적은 사람마다 다르다. 모두에게 동일한 북극성이 아니라 사람마다 자신의 북극성이 있다. 어떤 사람에게는 '다른 사람을 돕는' 북극성이 있을 수도 있고, 어떤 사람에게는 '가족'이라는 북극성이 있을 수도 있다. 어떤 사람에게는 '세상에 선한 영향력을 베푸는' 북극성일 수도 있으며, 어떤 사람에게는 사람들을 '깨우치게 하는' 북극성일 수도 있다.

어떤 것이든 북극성을 향해 걷는 여정이다. 북극성을 보고 가면 길 자체에 집착하지 않게 된다. 때로 잘못된 길에 접어들 수도 있고 막다른 길에 맞닥뜨릴 수도 있다. 승진에 실패할 수도 있고 회사 내 인간관계에 어려움을 느낄 수도 있다. 그러나 실망하지 않는다. 내리막길을 신나게 달릴 때도 있지만 오르막길을 힘들게 올라갈 때도 있다. 어떤 상황이든 괜찮다. 배울 것이 있기 때문이다. 결승선을 통과하는 것이 목적이 아니기에 조바심 내고 서두르지 않아도 된다. 방향이 맞는다면 좋다. 대신 가는 과정 하나하나를 음미한다. 강가를 지나면 강을 음미하고, 산을 지나면 산을 음미하는 것이다. 그 과정에서 만나는 일과 사람을 경험하며 충분히 즐기고 배운다.

또 하나는 '자유'다. 많은 사람이 커리어를 부와 연결한다. 커리어를 부를 쌓기 위한 수단으로 생각하는 것이다. 그러면 부의 본질이란 무엇일까? 부의 본질은 자유다. 앞에서 말했듯 자유란 방종이 아니라 '선택할 수 있는 힘'이다. 자신이 원하는 것을 선택할 수 있는 힘, 자신이 같이하고 싶지 않은 사람과 억지로 일하지 않는 것을 선택할 수 있는 힘이다. 먹고살기 위해 불의나 부정과 타협하지 않고 당당함을 선택할 수 있는 힘이다.

인간이 부를 추구하는 진정한 이유는 선택할 수 있는 힘을 키우기 위해서다. 만일 당신이 커리어상 이런 힘을 가지고 있다면 엄청난 부를 소유한 것과 동일하다. 일이란 앞에서 언급했듯 소득 이상의 가치를 부여한다. 성장, 관계, 인정, 보람, 자아실현의 가치를 한꺼번에 주는 종합 선물 세트와 같다. 그러나 자신에게 선택의 힘이 없을 경우 피할 수 없는 고통의 장소가 되기도 한다.

그러므로 나는 커리어를 이렇게 정의하고 싶다. '커리어란 미션을 성취하고 자유를 추구하는 여정이다.'

2부

커리어 포트폴리오 전략

강점과 역량은 커리어에서
매우 중요한 요소다.
본인의 강점과 역량을 잘 이해하고
이를 더욱 날카롭게 다듬으며
확장한다면 이는 커리어에 핵심
경쟁력으로 자리할 수 있다.
장점, 강점, 역량 등을 명확히
나누기는 어렵지만, 대개 장점은
개인의 좋은 점 또는 자신의
입장에서 잘하는 부분을 말한다.
반면 강점은 다른 사람과 비교해
뛰어난 점을 말한다.

커리어 계획과 설계

1

커리어 포트폴리오로
커리어 설계하기

앞에서 '커리어 포트폴리오'란 자신의 다양한 경험과 역량을 횡으로 계발하고 펼쳐놓고 어떤 커리어가 필요할 때 이들을 유연하게 조합하는 것을 의미한다고 언급한 바 있다. 이번 챕터에서는 이에 대해 자세히 알아보려 한다. 마치 빌딩의 벽돌이나 레고처럼 다양한 블록을 보유하면서 필요에 맞게 조립해 원하는 물체를 만들어내는 것이 커리어 포트폴리오의 특징이다. 나는 이러한 경험과 역량을 '커리어 빌딩 블록'이라 부르는데, 이를 다음의 수식으로 표현할 수 있다.

커리어 빌딩 블록 = 경험 블록 + 강점과 역량 블록 + 역할 블록

즉 커리어의 기반이 되는 블록은 지금까지 쌓은 다양한 경험, 이러한 경험을 통해 확보한 강점과 역량, 역할로 구성된다. 새로운 직무나 역할을 맡았을 때 기존에 가진 이러한 블록을 활용해 그 역할을 수행하게 된다. 또 새로운 역할을 수행하면 새로운 경험 블록, 역량 블록, 역할 블록이 창출된다. 그러므로 빌딩 블록과 커리어는 다음 그림같이 선순환하면서 서로를 강화하게 된다.

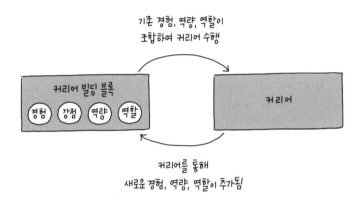

이때 방향 없이 아무 커리어나 선택하는 것은 효과적이라 할 수 없다. 각자 자신의 목적과 가치에 맞게 커리어를 선택하고 커리어 빌딩 블록을 쌓는다면 훨씬 효과적이고 효율적으로 커리어를 구축해나갈 수 있다.

그러므로 '커리어 목적과 가치' '커리어 빌딩 블록' '커리어'

는 다음 그림과 같이 상호 연결된다.

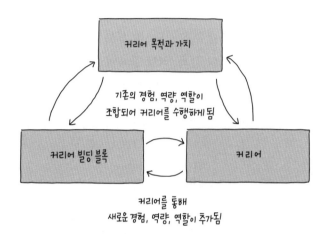

위의 요소에 기반해 커리어 포트폴리오를 구축하는 과정은 다음과 같다.

첫째, 자신의 커리어 목적과 가치를 설정한다. 커리어 목적은 북극성과 같고, 가치는 나침반과 같다. 자신이 지향하는 목적과 방향을 설정하는 것이다. 커리어의 세부적 계획을 세울 필요는 없지만 지향하는 방향성이 무엇인지 명확히 하고, 이 방향성에 자신의 커리어를 맞추기 위함이다.

둘째, 지금까지의 경험을 기반으로 커리어 경험 블록을 정리해본다. 커리어의 경험 블록은 크게 세 가지로 나눌 수 있다.

하나는 학력·자격·학습 경험, 두 번째는 직무 경험, 마지막은 외부 경험이다. 외부 경험에는 자신의 외부 활동, 취미 등 다양한 공식, 비공식 활동이 포함된다. 직접적인 회사 생활, 직무 경험뿐 아니라 외부 경험 또한 중요한 빌딩 블록이다.

셋째는 이러한 경험을 기반으로 자신의 강점, 역량을 도출해본다. 다양한 빌딩 블록을 통해 얻는 자신의 강점과 역량, 전문성, 스킬은 무엇인지 정리해본다. 이것들은 '강점 블록' 및 '역량 블록'이라 칭한다.

넷째는 커리어 경험에서 도출한 커리어 역할을 정리해본다. 다양한 커리어 경험에서 자신이 수행할 수 있는 역할을 정리한다. 나는 이것을 '역할 블록'이라고 칭한다.

마지막으로는 투-비to-be 커리어 목표·전략·포트폴리오를 계획한다. 먼저 현재의 커리어 포트폴리오, 활용되는 빌딩 블록, 차별화는 무엇인지 정리해본다. 이후 이루고자 하는 커리어 목표와 커리어 포트폴리오를 구상하고, 이를 달성하기 위한 전략과 핵심 과제를 도출한다.

위 내용에 기반한 커리어 프레임워크는 다음 쪽의 그림과 같다.

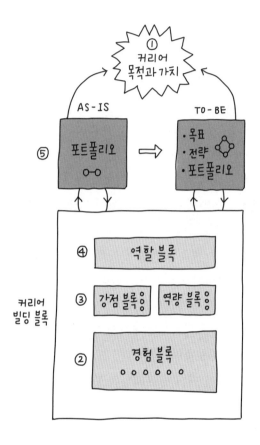

STEP 1.
목적과 가치 설정하기

커리어 목적이란 '북극성', 즉 자신이 추구해야 할 방향이다. 그러면 커리어 목적은 어떻게 정할까?

커리어 목적을 찾는 방법은 두 가지다. 첫째는 현재의 관점에서 커리어 목적을 묻는 것이다.

"당신의 커리어에서 이루고 싶은 것은 무엇인가요?"라는 질문에 대한 일차적 답은 "돈을 많이 벌려고요" "임원이 되려고요" "제 분야에서 최고 전문가가 되고 싶어요" "빨리 은퇴하고 싶어요" 등이 대부분이다. 창업자라면 "제 분야에서 1위 회사를 만들고 싶어요" "매출 ○○의 회사를 만들고 싶어요" "글로벌 회사가 되고 싶어요" 등으로 답한다.

'~이 되는 것'은 커리어 목적이라 하기 어렵다. 이보다는

'~이 됨으로써 이루고 싶은 것'이 커리어 목적에 가깝다. 그러므로 다시 한번 질문할 수 있다. "돈을 많이 벌었다면 하고 싶은 것은 무엇인가요?" "임원이 되었다고 한다면 임원으로서 영향력을 미치고 싶은 것, 하고 싶은 것이 무엇인가요?" "최고 전문가가 되었다면 어떤 기여를 하고 싶은가요?"

창업자에게는 "글로벌 회사가 되었다면 무엇을 하고 싶은가요?" "매출 ○○억 회사를 만들었다면 무엇을 하고 싶은가요?" "최고의 회사를 만들어 세상에 어떤 기여를 하고 싶은가요?"라고 물을 수 있다.

대개 목적을 물어보면 처음에는 피상적인 답을 하기 마련이다. 이러한 답에서 "왜?"라는 질문을 몇 번 더 해보면 마음 깊은 곳에 숨겨진 진짜 갈망을 알아낼 수 있다.

"돈이 많고 제한이 없다면 하고 싶은 것은 무엇인가요?" "당신이 인생을 걸고 해결할 만한 문제가 한 가지 있다면 무엇인가요?"도 숨은 갈망을 찾을 수 있는 좋은 질문이다.

또 한 가지 방법은 '미래에 내가 바라는 모습은 무엇인지?'를 통해 커리어 목적을 발견하는 것이다.

"당신이 여든 정도 나이인데 생일에 사람들이 와서 당신에게 감사하고 인정하는 말을 한마디씩 한다. 그때 어떤 이야기를 듣고 싶은가?"라는 질문에 답해보라.

이러한 질문들은 스스로 할 수도 있고, 주변의 도움을 받아서 할 수도 있다. 이러한 질문들에 대한 답변을 기록하고 공통점을 찾아보라. 그리고 한 문장으로 만들어보라.

나는 이러한 질문들에 대한 답변을 통해 '사람들에게 힘을 주고 한계를 뛰어넘는 변화를 이룰 수 있도록 돕는다'를 나의 커리어 목적으로 정했다.

다른 몇 사람의 커리어 목적을 소개해보겠다.

다른 사람들의 경제활동을 도와주어 하고 싶은 일을 하게 할 수 있도록 한다.

나의 후배들의 길을 밝혀준다.

변화를 만든다.

무에서 유를 창조한다.

주위를 빛나게 한다.

사회문제를 해결한다.

교육을 통해 세상을 변화시킨다.

사회에 필요한 학습을 설계해 가치를 만든다.

도움이 필요한 사람에게 희망을 준다.

사람들의 마음에 변화의 물결을 일으킨다.

인간이 살아가는 방식을 혁신한다.

가치 높은 상품을 발견하고 소개한다.

타인의 가능성을 찾아준다.

가치란 자신이 소중히 여기는 무엇이다. 가치는 대개 다음

네 가지 영역에 속한다.

외적이거나 물질적인 부분: 부, 인기, 지위, 명예, 인정, 영향력 등
개인적 성장: 학습, 자율, 자긍심, 성취, 안정감 등
관계: 가족, 친구와의 친밀한 관계
공동체: 사회, 세상을 더 나은 곳으로 만들려는 갈망

이 중 자신에게 가장 가치 있고 중요하다고 여기는 세 가지 단어를 선택해보라. 커리어 목적과 가치는 세상을 바꾸는 대단한 것이 아니라 소박한 것이어도 괜찮다. 목적과 가치 또한 나이에 따라 변할 수도 있다. 그러므로 지금의 미션이나 가치가 영원한 것은 아니다. 지금은 잠정적인 북극성을 정한다고 생각하면 된다.

커리어 목적과 가치는 두 가지 용도로 활용할 수 있다.

첫째, 자신이 새로운 커리어를 개척하거나 여러 커리어 중 하나를 선택할 때다. 이 커리어가 자신의 목적과 가치에 부합하는가? 자신의 커리어 목적을 성취하는 것과 어떤 관련이 있으며 얼마나 관련이 있는가? 그 커리어를 자신의 미션과 가치에 부합시키려면 어떻게 해야 하는가?

둘째, 현재 업무를 할 때의 자세와 태도를 만들어준다. 현재 자신의 목적에 부합해서 일하고 있는가? 자신의 목적과 가치에 정렬하려면 어떻게 일해야 하는가?

커리어에서 '무엇이 되는가?'도 물론 중요하다. 그러나 더 중요한 것은 '왜 되려 하는가?' '무엇을 위해서 그 무엇이 되려 하는가?'다. '무엇이 되는가?'에 초점을 맞추면 경로는 한정적이다. 1등이 되는 것이 목적이라면 1등이 되지 않으면 실패한 커리어가 된다. 그러나 '왜 되려는가?'가 명확하면 커리어의 폭이 훨씬 넓어진다. 예를 들어 '사람들을 성장하도록 돕는 것'이나 '가족의 행복을 위해서'라면 다양한 선택지가 존재할 수 있다. 따라서 어떤 선택지를 고르든 목적을 이룰 수 있다. 그러므로 커리어에 훨씬 더 큰 유연성을 제공하면 자신의 삶을 성공적으로 이끌어갈 가능성이 높다.

❸

STEP 2.
경험 블록 정리하기

삶에서 겪는 모든 경험은 커리어의 소중한 자산으로 활용될 수 있다. 그러므로 자신의 경험을 하나하나 블록화해 이후 커리어의 기반이 될 수 있도록 정리해놓을 필요가 있고, 이러한 경험 블록을 하나씩 늘려갈 필요가 있다.

앞에서도 이야기했듯 경험 블록은 세 가지로 나눌 수 있다.

첫 번째는 학습에서 비롯된 경험 블록이다. 학력, 자격증, 세미나 등을 통해 확보한 다양한 교육과 훈련 경험을 정리할 필요가 있다.

두 번째는 커리어 경험에서 비롯된 경험 블록이다. 지금까지 수행한 업무와 성과를 정리해본다.

세 번째는 외부 경험이다. 커리어 외의 외부 경험 또한 큰 빌딩 블록이 된다. 취미 활동, 단체 활동, SNS 활동 등 외부에서 쌓은 경험은 이후 커리어의 핵심 요소로 활용할 수 있다.

내 친구의 아들은 게임에 과도하게 빠져 한국에서 대학 진학에 실패했다. 친구는 고민하다가 아들을 미국의 조종사 양성 학교에 보냈다. 그런데 흥미롭게도 그 아들은 매우 잘 적응했고 우수한 성적까지 거두었다. 조종 훈련이 게임과 유사해 게임에서 습득한 능력이 매우 큰 도움이 되었기 때문이다. 이후 자신감을 얻어 조종 학교를 졸업하고 더 공부하고 싶다고 해서 아이비리그 학교에 편입까지 했다고 한다. 쓸모없어 보였던 게임 경험이 적절한 커리어를 만나자 훌륭한 빌딩 블록 역할을 한 것이다.

스티브 잡스도 쓸데없어 보이는 일을 많이 했다. 공부는 하지 않고 서체에 빠지기도 했고 훌쩍 인도로 가서 도를 닦기도 했다. 아마 대부분의 한국 어른이라면 순탄한 길만 걸어온 엘리트일수록 쓸데없는 짓 하지 말라고 충고했을 것이다.

무엇이 쓸모 있고 쓸데없는 경험인지 판단하기 어렵기에 "이 경험은 효과 없어, 쓸데없어, 불필요해"라고 단정할 필요가 없다. 또 지금 사회가 원하는 경험이 반드시 미래 사회가 원하는 경험이 아닐 수 있다.

그러므로 불법이나 사이비가 아닌 이상 자신이나 타인의 경험을 이해하고 존중할 필요가 있다. 첫째, 이미 과거에 경험한 어떤 것이 있다면 그 경험을 불필요한 것으로 치부하지 말고,

그를 통해 얻은 레슨과 역량을 정리해보라는 것이다.

둘째, 향후 경험에서 자신을 지나치게 제한할 필요는 없다는 것이다. 물론 집중하지 않고 이것저것 찔끔찔끔 벌여놓으라는 뜻은 아니다. 자신이 정말 하고 싶은 것, 자신의 미션과 부합하는 경험이 있다면 과감히 도전해보라는 것이다. 또 업무 외에도 취미나 단체 활동 등을 여유 시간 내에서 수행해보라는 것이다.

때로 엉뚱한 길을 갈 수도 있고 돌아갈 수도 있다. 물론 누구나 합리적이라 생각하는 길은 평균적으로 안전하다. 그러나 다양한 경험이 연결되어 생각지도 못한 엄청난 파워를 발휘할 수도 있다. 나는 점 연결하기connecting dots의 힘을 믿는다.

4

STEP 3.
강점과 역량 블록
도출하기

　　　　강점과 역량은 커리어에서 매우 중요한 요소다. 본인의 강점과 역량을 잘 이해하고 이를 더욱 날카롭게 다듬으며 확장한다면 이는 커리어에 핵심 경쟁력으로 자리할 수 있다. 장점, 강점, 역량 등을 명확히 나누기는 어렵지만, 대개 장점은 개인의 좋은 점 또는 자신의 입장에서 잘하는 부분을 말한다. 반면 강점은 다른 사람과 비교해 뛰어난 점을 말한다.

　　강점과 역량의 차이는 전자는 전반적 인성, 태도, 성격적 부분까지 포함하는 개념이고, 후자는 직무적 관점에서 직무 수행에 필요한 능력, 성과를 낼 수 있는 실력, 다른 사람과 비교해 잘하는 점이다.

여기에서는 강점과 역량이라는 용어를 사용하려 한다. 강점과 역량은 어디에서 생겨날까? 당연히 상당 부분은 선천적으로 주어진다. 그러나 대부분은 경험을 통해 발견되거나 형성되거나 강화된다. 발견된다는 표현은 선천적으로 주어질지라도 이것이 드러날 만한 경험이 없다면 알아채기 어려울 수도 있다는 뜻이다. 또 경험과 훈련을 통해 잠재된 능력이 강화되기도 하고, 두드러지지 않던 능력이 역량으로 변환되기도 한다.

강점과 역량에 관해서는 ① 감추어져 있거나 인식하지 못한 강점 혹은 역량을 발견하는 것, ② 이미 발견된 자신의 강점이나 역량을 강화하는 것, ③ 필요한 강점이나 역량을 계발하는 것에 초점을 맞출 필요가 있다.

강점과 역량 블록을 정리하는 절차는 다음과 같다.

먼저, 자신의 강점을 정리한다. 여기서 강점은 일반적인 영역에 국한한다. 강점은 성찰을 통해 발견할 수도 있지만 설문이나 주위 사람, 코치의 도움을 받는 것이 더 좋다. 나는 검증기관에서 측정하는 무료 서베이나 버크만 강점진단을 추천한다. 조금 더 깊이 파악하려면 강점 코치의 도움을 받으면 된다. 예를 들어 나의 경우 서베이를 해보면 통찰, 학구열, 판단력, 낙관성, 열정, 용감성, 영성이 핵심 강점으로 나온다. 내가 스스로 성찰하거나 주위 사람들이 생각하는 나의 강점과 유사하다.

두 번째는 성향을 정리해본다. 성향 또한 MBTI나 리더십 성향 문답을 통해 알 수 있다. 이를 과신할 필요는 없지만, 자신의 성향을 대략 알 수 있다. 나의 경우 내향성, 주도성, 활발함, 논리성 성향이 크다.

세 번째는 역량을 정리한다. 사실 이 부분이 가장 중요하다. 자신이 어떤 역량을 지니고 있는지 이해하고 파악하는 것이 핵심이다. 역량을 파악하는 가장 좋은 방법은 자신의 경험 블록을 검토하면서 성공을 이루게 한 자신의 능력을 정리하는 것이다. 그렇게 해서 알아낸 능력들의 공통점을 도출하면 그것을 역량이라 할 수 있다.

이때 역량은 다음 세 가지로 나눌 수 있다.

- **기반 역량: 기반 소프트 스킬**
- **직무(전문) 역량: 마케팅, IT, 영업 등 직무상의 역량**
- **네트워크 역량: 사람들과의 관계, 인맥 등(특히 외부인)**

이를 찾기 위해 다음 표를 사용해본다. 나의 예를 들어보았다.

번호	경험	커리어상 성공 경험을 찾고 이를 이루게 한 역량을 정리함		
		기반 역량	직무 역량	네트워크 역량
1	A사 엔지니어	남들보다 빠른 학습 능력, 정리 능력, 문제 해결 능력, 효율성	소프트웨어 엔지니어링	
2	B사 컨설턴트	보고서 및 프레젠테이션 능력, 학습 능력, 통찰	IT 컨설팅	다양한 고객
3	C사 창업가	학습 능력, 몰입, 프레젠테이션 능력, 설득 능력, 진정성	IT 컨설팅	다양한 고객
4	D사 경영자	리더십, 프레젠테이션 능력, 열정, 진정성, 통찰	디지털, IT, 경영, 리더십	다양한 고객
5	겸임교수	리더십, 목표와 전략의 명확화, 보고와 프레젠테이션 능력, 구조화, 체계화	IT	성장 의지가 큰 직장인
6	인플루언서	논리적 사고, 진정성, 글쓰기	경영	성장하려는 사람과의 약한 연결

이를 통해 나의 역량은 다음과 같이 정리할 수 있다.

- **기반 역량: 빠른 학습 능력, 문제 해결 능력, 정리·글쓰기·보고서 작성 능력, 구조화 및 체계화, 프레젠테이션 및 설득 능력, 통찰, 리더십, 전략적 사고, 진정성, 효율성 능력**
- **직무 역량: IT, 디지털, 경영, 리더십**
- **네트워크 역량: 성장 의지가 강한 사람과의 연결, 다양한 고객**

네 번째, 앞에서 정리한 강점, 역량을 주위 사람들과 이야기하면서 검증해본다. 주위 사람들도 자신과 비슷하게 생각하는지 파악해본다. 그러면 자신의 강점과 역량은 다음의 범주로 그루핑할 수 있다.

자신도 타인도 알고 있는 것
자신은 모르는데 타인은 알고 있는 것
자신은 아는데 타인은 모르는 것

다섯 번째, 자신이 새롭게 갖추어야 할 역량을 정리해본다. 사실 성향을 바꾸기는 어려우며 강점 또한 바꾸기 어렵다. 성향과 강점을 발견하고 자신이 어떤 부분이 강하고 약한지 아는 것이 필요하다. 그러나 역량은 충분히 강화하고 만들어나갈 수 있다. 또 일을 하면서 새롭게 역량을 발견하기도 한다. 그러므로 지금 지니고 있는 역량을 정리할 뿐 아니라 계발할 역량과 이를 달성할 계획 또한 정리해보라.

여기서 특히 기반 역량이 중요하다. 역량으로 발전시키기 위해서는 먼저 배워야 한다. 배우고 훈련하며 재능까지 따른다면 매우 큰 역량이 될 수 있다. 재능이 따르지 않는다고 해도 작은 역량으로 역할을 수행할 수 있을 것이다.

커리어에서 공통적으로 배우고 훈련할 필요가 있는 기본 역량으로 추천하는 것은 다음과 같다. 다음 항목은 반드시 배우고 익혀놓아야 한다. 재능이 있다면 꾸준히 활용하라.

- 표현 역량: 글쓰기, 보고서, 프레젠테이션
- 커뮤니케이션 및 협상 역량: 커뮤니케이션, 협상
- 사고·문제 해결 역량: 전략적 사고, 논리적 사고, 가설 사고, 문제 해결
- 어학 역량: 영어

업무 능력만큼 기반 역량이 중요한 이유는 어떤 업무를 맡든 그 업무를 빠르게 잘할 수 있게 만드는 것이 기반 역량이기 때문이다. 마치 '공부하는 법'과 같다. 그러므로 전문성뿐 아니라 기반 역량을 키우는 데도 게을리하지 말아야 한다. 또 기반 역량은 혼자 배울 수도 있지만 함께 배울 기회가 있다면 사람들과 같이 배우는 것이 좋다. 그러면 사람들과의 링크link를 구축할 수 있다. 링크가 강하지 않더라도 괜찮다. 이 또한 자산이요 훌륭한 블록이 될 수 있다.

5

STEP 4.
역할 블록 정리하기

커리어 경험을 통해 지금까지 수행한 커리어 역할을 역할role 블록이라고 한다. 경력이 오래되었다면 이미 많은 역할을 수행했을 것이다. 역할 블록을 정리하는 방법은 다음과 같다.

우선 그동안 수행한 역할 블록을 정리해본다. 역할 블록은 현재 수행하는 역할과 수행하지 않는 역할로 나누어 정리할 수 있다. 나를 예로 든다면, 현재 수행 중인 역할 블록은 '경영자, 작가, 협회장'이고, 과거에 수행했으나 지금은 수행하지 않는 역할 블록은 '컨설턴트, 교수, 커뮤니티 리더, 창업가' 등이다.

이어서 앞으로 더 강화하고 싶은 역할, 지금 하고 있는 역할 블록 중 앞으로 강화하고 싶은 역할을 정리해본다. 나의 경우 경영자, 작가다.

다음으로 새롭게 만들고 싶은 역할, 현재까지 해보지 않았지만 새롭게 만들고 싶은 역할을 정리해본다. 나의 경우 사회공헌가 역할이다.

경력이 짧다면 수행했던 역할 블록은 매우 적고 새롭게 구축하고 싶은 역할이 많을 것이다. 이미 수행했던 역할 블록은 다음 세 가지 관점으로 표시해본다.

- **경쟁력: 내가 그 역할에 얼마나 뛰어나고 차별화되는지**
- **수입: 내가 그 역할로 얼마나 수입을 얻고 있는지**
- **재미: 내가 그 역할에 얼마나 재미와 의욕을 느끼고 있는지**

(정도에 따라 '많이(■), 보통(▨), 별로(□)'로 나누어 구분.)

이러한 평가를 통해 자신이 과거에 수행했던 역할, 지금 수행하는 역할이 경쟁력이 있는지, 경제적인 성과를 내는지, 자신이 하고 싶은 일인지 파악할 수 있다.

정리하면 다음 그림과 같다.

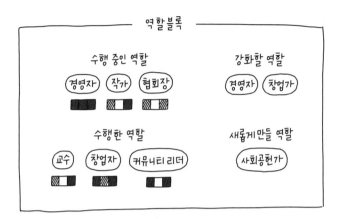

지금까지 우리는 다음을 정리했다.

경험 블록

강점·성향·역량 블록

커리어 역할 블록

자신이 보유한 재료를 이제 모두 파악했을 것이다. 또 앞으로 계발해야 할 부분도 정리했을 것이다. 다음에 할 일은 이러한 재료를 활용해 향후 커리어 목표와 전략을 수립하고 커리어를 확장해나가는 것이다.

6

STEP 5.
계획과 전략 세우기

지금까지 커리어 미션을 정하고 다양한 빌딩 블록을 정리해보았다. 이제는 이를 기반으로 향후 커리어 방향성을 설계해보자.

이를 위해 먼저 현재의 커리어 포트폴리오와 빌딩 블록, 차별화를 정리해본다. 새로운 목표, 원하는 목표와 전략을 설정하기 위해 항상 자신의 현재 블록, 차별점을 객관적으로 정리할 필요가 있다.

예를 들면 다음과 같다.

1. 현재의 커리어 포트폴리오
- A사의 마케터

- 취미 수준의 마케팅 블로거

2. 빌딩 블록 요약
- **경험 블록**: 중소기업에서의 3년간 마케팅 업무 경험, 커뮤니티 리더 활동
- **강점 블록**: 호기심, 열정, 학습 능력
- **역량 블록**: 글쓰기 능력이 뛰어나고 B2C 마케팅 기본을 수행할 수 있는 역량
- **역할 블록**: 마케터, 블로거, 작가

3. 차별점
남들보다 뛰어난 학습 능력을 보유하고 있으며 다양한 커뮤니티 리더십 역량 보유

그러고 나서 to-be 목표와 커리어 포트폴리오, 전략 계획을 정리하는 것이다. to-be는 3년 후도 될 수 있고 5년 후, 10년 후도 될 수 있다. 처음에는 3년 후 정도를 설정해본다.

1. 미션
나는 나의 경험을 통해 회사와 사회에 변화를 이끌어낸다.

2. to-be 목표

- 조직의 리더 역할을 하면서 더 큰 변화를 만든다.
- 책을 출간하여 나의 브랜드를 만들고 영향력을 확산한다.
- 지금보다 30% 이상 수입을 늘린다.

3. to-be 커리어 포트폴리오

- 성장하는 벤처기업 마케팅 리더로 이동
- 마케팅 영역의 작가

4. 전략

지금까지 마케터로서의 역량과 성과를 활용해 성장하는 벤처 기업의 마케팅 리더로 점프업한다. 벤처 기업에 있는 기존 인맥을 활용한다. 팀장은 아니었지만 다양한 프로젝트를 리딩해 성과를 창출한 경험을 어필한다.

5. 목표 성취를 위한 핵심 전략 과제

- 강화할 빌딩 블록: 도전적 마케팅 프로젝트 수행을 통한 전문성 강화, 마케팅 전문 과정 이수
- 새롭게 만들 빌딩 블록: 사내 리더십 프로그램 참여, 벤처기업과의 네트워크
- 책 출간

결국 커리어 계획의 핵심은 커리어 목적과 목표를 분명히 하고, 자신이 보유한 빌딩 블록을 이해하며, 이러한 빌딩 블록을 잘 조합하고 연결해 차별화하며, 원하는 커리어에 최대한 활용하고 어필할 수 있는 전략을 수립함으로써 목표를 달성하는 것이라 할 수 있다.

⑦

커리어 전략 수립 시
고려 사항

커리어 전략을 세워나갈 때 가질 만한 의문이 있다. 가장 많은 의문 세 가지에 대해 답함으로써 커리어 전략 수립에 도움을 주고자 한다.

1. 한 번에 한 가지를 할 것인가? 동시에 다양한 것을 할 것인가?

커리어를 쌓아나갈 때 순차적으로 포트폴리오를 만들 수도 있고, 동시에 펼쳐서 할 수도 있다. 예를 들어 어떤 사람은 직장에서 전문가로 활동하며, 유튜버와 블로거로 활동하기도 한다. 반면 어떤 사람은 하나만 하기도 벅찰 수도 있다. 어떤 것이 더 낫다고 할 수 없다. 자신의 시간, 열정, 능력에 따라 여러 가지를 동시에 추구할 수도 있고, 하나씩 추구해나갈 수도 있다. 단지, 일반인이라면 동시에 다른 것을 여러 개 펼쳐놓고 수행하기가 쉽지 않다. 그래도 영역을 확장하려 한다면 '원 소스 멀티 채널one source multi channel' 전략을 쓴다. 즉 업무에서 얻은 경험과 노하우나 교육, 훈련받은 것을 블로그 혹은 책으로 기록한다면 두 가지 일을 별도로 하는 것보다 훨씬 효율적이고 업무 자체도 강화할 수 있다.

나 또한 자격증을 취득할 때 관련 노하우를 블로그에 공유했다. 이렇게 하면 노력을 최소화하면서 다양한 역할을 할 수 있다. 어떤 사람은 회사의 지원으로 MBA를 밟으면서 그 내용을 정리해 블로그에 올리고 책도 출간했다.

취미 활동이 매우 재미있고 지속 가능하다면 그것을 기반으로 자신의 부캐를 만들 수도 있다.

가장 지속하기 어려운 것은 재미없는 몇 가지를 억지로 펼쳐놓는 것이다.

2. 한 회사에서 승부할 것인가? 여러 회사를 통해 승부할 것인가?

향후 커리어는 변동이 심하기에 한 회사에 머물기 어렵다고 했지만 그래도 많은 사람이 한 회사에서 승부를 보길 원한다. 한 회사에서 승부를 보는 경우와 다양한 회사를 거치며 커리어를 쌓은 경우 성공 전략은 다르다. 그러므로 이를 고려할 필요가 있다.

전작 《거인의 리더십》에서도 언급했던, 먼저 한 조직에서 커리어를 쌓으면서 책임을 확대하고 싶은 경우를 보자. 이 경우는 주로 규모가 크고 안정된 전통 기업이나 공공 영역 등에 소속된 경우다. 이럴 때는 스페셜리스트보다는 제너럴리스트가 유리하다.

한 회사에서 한 가지 업무만 맡아서는 그 업무의 팀장이 커리어의 마지막이 될 가능성이 높다. 그 회사의 다양한 업무를 거치는 편이 향후 더 큰 책임을 맡기에 유리하다.

그리고 회사에서 영향력이 가장 큰 조직을 거치는 것도 중요하다. 회사별로 영향력이 큰 조직이 다르다. 대체로 국내 대기업에서는 전략, 인사, 비서실 등 스태프 부서가 영향력이 강한 경우가 많다. 젊었을 때는 이러한 부서를 거치는 것이 유리하다. 그러나 임원 이상이 되면 직접 사업을 하는 부서에서 성과를 내야 더 높이 올라갈 수 있다. 업무 포트폴리오를 설계할 때 이러한 면을 고려할 필요가 있다.

내부 관계, 정치력, 충성심 등도 중요하다. 내부에서는 대개 객관적인 실력이나 외부 브랜드는 별로 중요하게 여기지 않는다. 내부에서 상사들에게 얼마나 인정받는가가 더 중요하다. 오히려 외부에서 인정받고 브랜드를 가지려는 사람들은 충성심을 의심받는다.

또 하나의 지향점은 다양한 기업을 경험함으로써 자신의 가치를 높이려는 커리어다. 이 경우는 전문성이 중요하다. 이것 저것 애매하게 하는 사람을 채용할 외부 기업은 별로 없다. 그러므로 자신의 최고 영역을 만들 필요가 있다. 직접적인 가치 창출과 설계 능력이 중요하다. 직접 자신이 고객을 대면하고 가치를 창출하는 업무일수록 좋다. 스태프 업무라면 단순 운영보다는 스스로 체계를 만들고 설계하며 가치를 창출할 수 있는 능력이 필요하다. 자신의 브랜드와 네트워크가 중요하다. 외부에서 인정할 만한 실력을 갖추어야 하고 자신을 알릴 필요가 있다. 외부와 느슨한 네트워크를 꾸준히 형성해 움직임이 필요할 때 도움을 받을 수 있어야 한다.

단지, 전자의 커리어를 추구하는 사람이 겪을 만한 위험은 예기치 않은 이슈로 회사를 나가야 하는 경우다. 살면서 이런 일을 겪지 않으리라 장담할 수 없다. 이 경우 내부 커리어에 특화된 역량과 스킬은 외부에서 통하기 어렵다. 그래서 컨틴전시contingency를 생각하며 자신의 전문 역량을 계발하는 것이 필요하다. 젊을수록 더더욱 그러하다.

후자의 커리어를 추구하는 사람들이 겪는 위험은 무엇일까? 특히 한국에서는 회사에서 그 사람의 로열티를 낮게 본다는 것이다. 브랜드가 있고 실력이 있으며 네트워크가 있는 것은 좋지만 로열티를 의심하기에 더 큰 책임을 부여하길 꺼리는 경우도 있다. 물론 앞으로는 달라질 수 있겠지만 지금은 여전히 이러한 부분이 강하다. 그러므로 후자의 커리어를 추구하는 사람은 회사에 충성하는 모습을 보일 필요가 있다.

3. 새로운 영역에 도전한다면 어떤 전략으로 접근해야 할 것인가?

커리어를 동일한 영역이 아닌 전혀 다른 영역으로 이동할 수 있다. 내가 아는 사람 중에는 인사 부서에서 사업 개발 분야로 이동한 경우도 있고, 기획을 하다가 개발로 옮긴 경우도 있다. 단지, 새로운 직무로 이동하는 데는 큰 도전이 필요하다. 새로운 직무로 이동하는 것을 고려할 때는 자신의 커리어 목적이 새로운 직무와 연결되는지 확인한다.

자신의 경험, 역할, 역량, 강점의 빌딩 블록을 살펴보면서 새로운 직무에 활용할 수 있는 부분이 무엇인지 확인한다. '공부하는 법'을 알면 국어를 잘하는 사람이 사회를 잘할 수 있는 것처럼, 역량 블록이 탄탄하면 다른 영역에 도전해도 잘할 수 있다. 그러므로 너무 겁먹을 필요는 없다.

회사에 다니면서 새로운 영역에 필요한 역량과 스킬이 무엇인지 확인하고 교육·훈련받는다. 회사를 그만두고 교육·훈련받는 것은 위험성이 있다. 먼저 배워보면서 자신에게 맞는지, 할 만한지 체크하는 것이 좋다.

제일 좋은 방법은 배운 후 새로운 커리어로 이동하는 것이 아니라, 이동한 후 일을 하면서 반 발짝 앞서 배워나가는 것이다. 배우고 실력을 쌓은 후 필요한 영역을 수행하려 하면 시간이 너무 많이 소요된다. 이동한 후 부딪쳐가며, 또 선배들에게 멘토링을 받아가며 배우는 것이 훨씬 속도가 빠르고 효율적이다. 그러므로 당신이 원하는 새로운 영역에 인력이 필요하다면 비록 전문성이 부족하더라도 과감히 도전해보라. 기반 역량이 있다면 해낼 수 있을 것이고, 배워서 하는 것보다 훨씬 더 빠르게 성장할 것이다.

새로운 영역으로 이동하면 기존에 쌓았던 것은 다 사라질까 걱정되는가? 그렇지 않다. 새로운 영역에 도전한다고 해서 과거 경험이 사라지는 것이 아니다. 기존 경험 또한 이후 훌륭한 빌딩 블록 역할을 할 것이다.

커리어 탐색과 확장

8

재능을 발견하는 법

개그우먼 김민경이 사격 국가 대표가 되었다는 뉴스를 읽었다. 〈시켜서 한다! 오늘부터 운동뚱〉이라는 예능 프로에서 사격을 처음 접한 김민경은 사격을 시작한 지 딱 1년 만에 대한실용사격연맹이 주최하는 자격시험을 통과했다. 이후 국가 대표 선발전을 거쳐 여성부 최종 2명에 이름을 올렸다.

탤런트 이시영도 몇 년 전 국가 대표를 뽑는 복싱선수권대회에서 준우승을 했다. 영화에서 복싱을 하는 장면이 있기에 그 장면을 찍으려 가볍게 복싱을 배웠는데, 배운 지 단 1년 만에 아마추어 챔피언이 되는 놀라운 결과를 얻은 것이다. 복싱을 배우기 전에는 자신도 이런 재능이 있는지 꿈에도 몰랐다고 했다.

예전에 한 기사를 읽었다. 한국에 시집온 캄보디아 여성 스롱 피아비에 대한 이야기였다. 한국에 시집와서 농사짓다가 우연히 남편을 따라 가본 동네 당구장에서 재능을 발견했다. 이후 당구 세계 랭킹 3위에 올랐다. 그녀의 실력은 4구로 환산하면 1,000점 정도라고 한다.

유니클로 창업자 야나이 다다시의 아버지는 양복점을 운영했다. 다다시는 아버지에게 양복점을 물려받은 후 자신이 하고 싶은 방식으로 운영했다. 그러자 그의 방식이 마음에 들지 않은 직원들이 퇴사해 1명만 남았다. 그런데 점점 매출이 크게 상승한다. 그때 그는 자신이 경영에 재능이 있음을 발견했고 이후 사업가로 나서게 된다.

재능이란 동일한 노력을 해도 남들보다 훨씬 앞서게 하는 소질이다. 어떤 영역에서 최고가 되려면 노력이 물론 중요하지만 재능 또한 필요하다.

나도 처음 직장 생활을 하면서 회사 시스템하에서 내가 맡은 일을 하는 것에 불편을 느껴본 적이 없었다. 그 틀 안에서 성장도 하고 안정된 급여와 복지를 누리는 것도 괜찮았다. 그러나 얼떨결에 대기업을 나와 공동 창업을 하면서 상황이 완전히 바뀌었다. 모든 것을 스스로 설계하고 주관하고 결정할 수밖에 없었다. 리더십 교육 같은 것을 받은 적도 없는데 갑자기 리더가 되었다. 이후에도 작은 조직을 성장시키며 유사하게 살 수밖에 없었다.

정말 다이내믹하고 힘도 들었지만, 해보니 나는 남들이 만드는 시스템 속에서 일하는 것보다 내가 스스로 시스템을 만드는 것에 훨씬 더 재능도 있고 좋아한다는 사실을 발견했다. 누군가의 지시를 받으며 일하기보다는 리더로서 재능과 적성이 훨씬 더 있음을 알았다.

재능을 발견하는 두 가지 방법이 있다. 하나는 자신의 재능이나 강점을 파악해주는 좋은 멘토나 동료, 스승, 선배, 상사를 만나는 것이다. 자신이 보지 못하지만 내면에 감춰진 재능이나 강점을 파악해주는 사람을 만날 때 그의 인생은 바뀔 수 있다. 예전에 야구왕 이대호가 야구를 시작하게 된 계기를 들은 적이 있다. 재미있게도 이미 야구 선수로 활약했던 추신수가 우연히 그와 같은 반이었는데 그가 자신을 보고 야구를 잘할 것 같다면서 야구를 하기를 권했다는 것이다. 추신수는 이대호 스스로도 알지 못한 재능을 발견해주었고 그를 통해 우리는 이대호라는 또 하나의 스타를 만나게 된 것이다.

또 하나는 다양한 시도를 해보는 것이다. 할리우드 최고의 매니저로 알려진 조엘 고틀러는 "더 많이 보고, 더 많이 읽고, 더 많이 배워라. 자신에 대해 많이 알면 알수록 자신이 정말 잘할 수 있는 일을 찾을 가능성이 높다"라는 말을 했다. 다양한 시도를 하다 보면 재능이 있는 분야를 발견할 가능성이 높다는 것이다.

자신이 현재 하는 일에 재능이 없다고 느끼는가? 다양한 시도를 해보라. 다양한 것을 배워보라. 혹 아는가? 자신도 모르는 엄청난 재능이 미술에 있는지, 피아노에 있는지, 협상에 있는지, 마케팅에 있는지, 사업에 있는지 아니면 사회적 영향력에 있는지 뒤늦게라도 깨닫게 될지. 시도하지 않으면 결코 재능을 발견할 수 없다. 시도했는데 재능이 없는 것이 밝혀진다면? 그래도 좋은 취미 하나를 만들 수 있다.

다양한 시도는 젊을수록 유리하겠지만 꼭 그렇지만도 않다. 미국의 국민 화가로 유명한 모지스 할머니는 76세에 그림을 그리기 시작하면서 자신의 재능을 발견했다고 한다. 무언가 새로운 도전을 하기에 늦은 때란 없다.

9

당신의 숨은 자산은
무엇일까?

벤처 기업의 대표를 만나면 종종 묻는다. "당신 회사의 핵심 역량과 자산은 무엇인가요?" 그런데 흥미롭게도 스스로 잘 모르는 듯하다. 정확하게 말하자면 알긴 아는데 표면적인 것을 대답하는 경우가 많다. 내 눈에는 보이는데 말이다. 장기를 두는 사람들이 막상 자신의 장기판을 잘 못 보는 것과 같다. 한 회사에 오래 있으면 자신의 조직이나 회사의 역량과 자산이 잘 보이지 않는다. 나도 마찬가지다.

《스파이더맨》《헐크》《엑스맨》등으로 유명한 마블 코믹스는 만화책을 만드는 회사였다. 그런데 무료 웹툰의 등장으로 매출이 점점 감소했고 미래를 고민하게 되었다. 자신들의 자산인 만화책이 안 팔리니 미래가 없다고 생각한 것이다.

그러던 중 그들은 자신들의 숨은 자산이 무엇인지 찾았다. 결국 그들은 70년간 만화책을 만들며 쌓아놓은 5,000개 캐릭터가 숨은 자산임을 발견했다. 이후 그들은 이 캐릭터들을 영화사에 팔기 시작한다. 이로써 턴 어라운드turn around가 이루어졌고 결국 월트디즈니컴퍼니에 40억 달러로 인수된다.

이는 개인에게도 동일하게 적용된다. 나는 커리어에 대해 상담하러 오는 분들에게 가끔 질문한다. "당신의 강점과 역량, 숨은 자산이 무엇인가요?" 잘 아는 경우도 있지만 전혀 모르는 경우도 많다. 내게는 타인의 숨은 강점을 찾아내는 능력이 있다.

앞서 이야기한 지인의 아들도 그런 예다. 게임에서 발견한 재능을 비행기 조종과 연결 지어 성공을 이끌었다. 우수한 성적으로 비행 라이선스를 획득했을 뿐 아니라 미국 일류 대학에 입학하기까지 했다.

축구 선수 박지성도 히딩크가 그의 숨은 재능을 발견하지 않았더라면 한국에서 맴돌다가 커리어를 마쳤을 것이다. 그러니 당신의 조직에도, 당신 자신에게도 숨은 자산과 역량, 재능이 있을 가능성이 높다. 이를 찾아 기존의 일에 융합하거나 새로운 활용처를 찾는다면 지금보다 훨씬 더 큰 변화를 만들 수 있을 것이다.

한번 생각하고 기록해보라. '나의 숨은 강점이 무엇인가?' 그리고 주위 몇 사람에게 물어보라. "나의 강점이 무엇이라 생

각하니?" 드러난 것도 있겠지만 숨은 것을 발견하라. 특히 쓸
데없거나 하찮다고 생각하는 것을 살펴보라. 그리고 발견에서
그치지 말고 그것을 연결하라.

10

자신의 약점을
어떻게 볼 것인가?
: 약점을 강점으로 바꾸는
세 가지 관점

이런 질문을 종종 받는다. "제 약점을 어떻게 극복해야 할까요?" 약한 집중력, 썩 좋지 않은 학벌, 내성적인 성격, 과도한 적극성 등 스스로 약점이라 생각하는 영역이 있다.

매우 조용하고 말이 없는 여자아이가 있었다. 이 아이는 특이한 행동을 했는데 그것은 어지럽혀진 것만 보면 정리를 해놓으려 한다는 것이었다. 심지어 옆에 있는 친구들이 어지럽힌 것을 정리하는 걸 도와주기까지 했다. 강박관념이 있을 정도라서 아이 어머니는 걱정을 많이 했다. 그 어머니는 아이에게 '정리 변태'라는 별명을 지어주기까지 했다.

아이는 중·고교 시절에도 청소와 정리를 도맡아 했다. 이후

이 아이는 대학을 졸업하고 한 기업의 영업 사원으로 취직한다. 그런데 고객사에 방문한 그녀는 영업보다는 고객사 사무실 정리를 도와주는 데 더 관심이 있었다. 주위에 이런 동료가 있다면 여러분은 어떤 생각을 할까? 아마 엄청나게 걱정하지 않았을까?

결국 그녀는 회사를 그만두고 독립해 최초의 '정리 컨설턴트'로 활약한다. 이후 그녀는 2016 〈타임〉지 선정 전 세계 영향력 있는 인물 100인에 선정된다. 100인에 포함된 일본인은 무라카미 하루키를 제외하고 그녀가 유일했다. 이것이 바로 정리의 여왕 '곤도 마리에'의 이야기다.

내가 SNS에서 글 쓰는 습관을 갖게 된 계기를 묻는 분들이 많다. 나는 45세에 트위터를 시작으로 SNS에 본격적으로 글을 쓰기 시작했다. 계기는 심플하다. '기억력이 떨어져서.'

책도 많이 읽고 영화도 많이 보고 경험도 다양하게 했는데 기억력이 떨어지다 보니 머릿속에 남아 있는 것이 거의 없었다. 그래서 주말마다 빼놓지 않고 기록하기로 결심했다. 그것이 10여 년간 나의 재미요 루틴이 되었다. 덕분에 이렇게 책도 내고 영향력도 미칠 수 있게 되었다.

나는 학창 시절부터 기억력이 떨어져 잘 잊어버리고 암기를 잘 못했다. 사실 문과형에 가까웠던 내가 이과를 선택한 것도 이 때문이었다. 책을 봐도 다시 보면 새로 읽는 느낌이었고 영화를 봐도 줄거리가 잘 기억나지 않았다. 그런데 어떻게 공부를 잘했냐고? 그래도 논리화하고 구조화하면 머릿속에 넣을 수 있었다. 덕분에 항상 복잡한 현상을 종이 한 장에 논리적으로 구조화하고 요약하는 습관을 갖게 되었다. 나는 기억력이 좋은 사람을 부러워했지만, 오히려 엉성한 기억력 덕분에 살기위해 다른 방법을 찾았고, 그것이 결국 나의 커리어에서 핵심 경쟁력 중 하나가 되었다.

어떤 사람은 자신의 좋지 않은 학벌이나 경력을 감추며 부끄러워한다. 사실 이제 좋은 학벌이나 경력을 갖춘 사람이 너무 많아졌다. 하버드 같은 곳을 나오고 최고의 회사에 다니며 창업으로 일가一家를 이뤄 큰 자산을 획득한 사람들의 책을 읽거나 강의를 들으면 어떤 생각이 드는가? 나도 부럽다. 그렇지만 좀 못마땅한 기분도 든다. 그러나 야놀자 대표 이수진 씨 같은 사람의 이야기를 들으면 어떠한가? 언짢은 생각이 들지 않는다. 오히려 전문대 출신에 모텔 청소부 경력이라는 스토리는 많은 사람에게 자신감을 준다. 훌륭하지 않은 학벌과 경력이 자신만의 스토리를 더 풍성하게 할 수도 있고 사람들에게 더 희망을 줄 수도 있다.

그러므로 약점은 세 가지 관점으로 볼 필요가 있다.

1. 약점이 재능일 수 있다. 곤도 마리에의 경우처럼 언뜻 큰 약점처럼 보이는 것이 실제로는 매우 큰 재능일 수 있다. 단지 그 재능이 발현될 곳을 찾는 것이 중요하다.

2. 약점을 극복하기 위한 노력이 자신에게 새로운 강점을 만들어줄 수 있다. 내 경우 좋지 않은 기억력이 글을 쓰고 구조화하고 정리하게 하는 재능으로 이끌었다.

3. 약점이 스토리가 될 수 있다. 오히려 일천한 학력과 경력이 사람들에게 희망과 자신감을 줄 수 있다. 당신의 약점을 리스트해보고 어떻게 활용할지 생각해보라.

경쟁력 있는 커리어를 위해
추천하는 업무 블록

커리어 포트폴리오 시대에는 다양한 빌딩 블록을 상황에 맞게 연결하고 조합해 어떤 환경에서든지 유연하고 뛰어나게 역할과 책임을 감당하는 것이 필요하다. 이를 위해 다음의 경험을 빌딩 블록으로 삼는다면 이후 어떤 커리어든 유연하게 대응하고 연결하는 데 도움이 될 것이다.

1. 성장이 아주 빠른 기업이나 조직 경험

성장이 느린 회사(또는 조직)에도 장점은 있다. 안정되고 분위기가 따스하며 워라밸도 어느 정도 보장된다. 그러나 성장이 느린 회사(또는 조직)에서는 개인의 성장 또한 느려진다. 성장속도가 빠른 회사나 조직은 정신이 없고 긴장의 연속이다. 그러나 개인의 성장 또한 그 속도에 맞춰 따라가야 한다. 그러므로 성장 속도 또한 빨라진다. 항상 이런 곳에 있으면 힘들 수도 있으나 커리어상 몇 년 정도 경험하는 것은 반드시 필요하다.

2. 방법론을 배울 수 있는 조직이나 업무 경험

다양한 소프트웨어와 툴을 활용해 일하는 조직, 지식 DB와 시스템을 기반으로 일하는 조직을 경험해보는 것이 좋다. 대기업으로 가면 될까? 불행히 대기업 중에 파워포인트와 워드로만 일하는 곳이 많다. 스타트업은? 너무 작은 스타트업은 이런 것 없이 맨땅에서 시작한다. 글로벌 기업이나 체계를 갖춘 기업 중에 체크해보라. 부서별로도 다를 수 있다. 이렇게 일하는 방식을 경험해보면 어디를 가도 든든한 기반이 된다. 자신이 이런 시스템을 설계하고 환경을 구축할 수 있다면 더더욱 큰 경쟁력이 된다.

3. 분석과 AI 사용 경험

데이터 분석과 AI를 활용해 업무의 효과와 효율을 높인 경험 가설을 세우고 데이터를 분석하고 이를 기반으로 실험하며 피드백을 받아 업무를 개선하는 방식, AI를 활용해 업무의 효과와 효율을 높이는 방식 등을 경험하는 것이 경쟁력을 강화하는 데 도움이 된다. 워드나 엑셀, 구글을 활용하지 못하는 사람이 일을 잘하기 어렵듯 분석과 AI를 활용할 줄 알아야 한다.

4. 자신의 업무가 고객에게 직접 가치를 부여하는 것을 확인할 수 있는 업무 경험

고객과 직접적으로 관계없는 백엔드 업무가 있다. 이런 업무의 단점은 고객과 접하지 않으므로 비즈니스 감각이 떨어진다는 것이다. 자신의 업무가 고객에게 영향을 미치는 것을 직접 확인하고 실제 성과를 창출하는 업무를 경험해야 비즈니스 감각이 높아진다. 자신의 업무 능력이 직접적 성과 창출과 연결됨을 입증할 수 있다면 큰 경쟁력이 되고 이후 창업 시에도 기반이 된다. 예를 들어 같은 IT 업무라도 회사 내부의 지원 업무만 계속하기보다 고객용 소프트웨어 개발이나 고객 데이터 분석, 컨설팅·프로젝트 경험 등을 해보는 것이 큰 도움이 된다.

5. E(end)-to-E(end)로 문제를 정의하고 설계하고 해결해본 경험

사업이나 마케팅을 맡는다면 기획부터 실행까지 진행하면서 문제를 정의하고 방안을 설계해 해결해보는 것이 좋다. 본인이 리더가 아니라도 전 과정을 보고 이해하고 경험할 수 있어도 괜찮으나 본인이 다 해볼 수 있으면 더 좋다. 프로젝트를 맡는다면 제안-컨설팅-수행까지 또는 프로젝트 매니저PM로서 전체 문제 해결, 인력 관리라면 채용부터 교육, 평가, 보상 등 인사의 모든 사이클, IT라면 기획, 개발development에서 운영 operation까지, E-to-E 완결 경험을 해본다.

작은 문제라도 맨땅에서 기획, 설계부터 이행까지 해서 아웃풋을 만들어본 경험이 있어야 어딜 가도 생존할 수 있다. 파워포인트 파일만 만들 줄 알거나 기획만 해보거나 큰 그림을 모른 채 시키는 기능 업무만 담당해서는 창업하거나 스타트업 등으로 전직하기 어렵다.

리더직을 수행하기도 어렵다. 대기업에서는 이러한 경험을 쌓기 어려운데 TF 활동, 업무 전환 등의 방법을 써서라도 이런 경험을 해본다.

여기에 더해 업무 외로는 마이크로 인플루언서(소규모 팔로어로 활동하며 유행과 트렌드에 민감한 SNS 인플루언서), 외부 커뮤니티 활동, 무언가 팔아서 수입을 얻는 경험을 해보길 추천한다. 사람들과 교류하고 지식과 정보를 나누는 경험, 비즈니스 감각, 트렌드에 대한 감각이 있을수록 커리어에 도움이 되기 때문이다.

12

한 우물만 파지 마라

30대 초반 직장인과 이야기할 기회가 있었다. 전망 있고 도전적인 업무로 변경할 기회가 있는데 고민이라 한다. 새로운 역할을 잘할 수 있을지 걱정도 되고, 몇 년 했던 기존 업무를 변경하고 새로운 것을 하려면 다시 제로(0)에서 시작해야 하는데 그동안 쌓아온 것이 아깝다는 것이었다.

한 야구 트레이너가 쓴 책에서 읽은 내용을 다시 풀어본다. 한국은 야구 지도자가 선수의 재능을 성급하게 단정한다고 한다. 그래서 초등학교나 중학교 때부터 한 포지션만 훈련시킨다. 그러면 선수는 한 포지션에만 익숙해져서 거기서 두각을 나타내지 못하면 도태되는 것이다. 투수는 어깨를 혹사시켜서 이른 나이에 선수 생활을 포기하기도 한다. 또, 마이크로 매니징 같은 쉼 없는 훈련을 받다 보니 창의력이 부족해진다고 한다.

반면 미국은 가능한 한 여러 포지션을 두루 훈련시킨다고 한다. 각 포지션에서 요구하는 능력이 다르기에 다양한 포지션을 경험하면서 진짜 자신이 재능 있는 포지션을 발견할 수 있다고 한다. 틀에 가두지 않고 마음껏 해보게 하는 것은 초기에는 발전이 없어 보이지만, 시간이 지날수록 유연성과 창의력이 드러난다는 이야기다.

그런데 이런 사실을 알면서도 왜 우리는 계속 같은 방식을 고집하는 걸까? 그는 이렇게 썼다. '당장 이기기 위해서다. 모든 것이 단기 경쟁과 단기 승리에 달려 있기 때문이다.' 이기려니 모험을 하기 어렵다. 인내심이 없고 기다려주기 어렵다. 아이들에게 다른 포지션을 시도하면 당장 성과를 내기 어렵기 때문이다. 그렇기에 계속 익숙한 것만 시키는 것이다.

흥미롭게도 직장에서도 비슷하다. 잘하는 사람은 오히려 상사가 다른 업무에 도전할 기회를 주지 않고 계속 그 일만 시켜 그가 더 성장할 수 없게 만드는 경우도 많다. 나도 이런 실수를 한 적이 있다.

당연히 새로운 일에는 두려움과 위험이 따른다. 새로운 것을 하면 당장 이기기 어렵다. 그러나 기존 것에 익숙하다고 새로운 것을 시도하지 않으면 평생 그 일만 해야 한다. 더더욱 해보지 않으면 자신이 재능을 발휘하는 분야가 무엇인지도 알 수 없다. 지금 하는 일을 잘한다고 해서 그 일에만 재능과 흥미가 있다고 단정할 필요는 없다. 재능과 흥미가 있는 영역이 더 있을 수도 있다.

또 흥미로운 것은 과거에 쌓아놓았던 것이 사라지지 않는다는 것이다. 나는 5년간 박사과정을 밟던 중 쌓은 전문 지식을 직장 생활을 하면서 단 한번도 사용해본 적이 없다. 전공과 무관한 업계에서 일했기 때문이다. 그러나 그 당시 습득한 '문제 해결 방법' '과학적 사고' '논문 쓰는 법'이 이후 일을 하는 데 큰 도움이 되었다. 초기에는 직장 생활을 먼저 시작한 동료들보다 매우 뒤처졌지만 점점 따라잡았고 이후 추월할 수 있었다.

내가 책임지는 조직 중 컨설팅 본부가 있다. 그런데 우리 컨설팅 조직의 구성원들은 커리어 초기부터 컨설팅만 한 사람들이 아니다. MBA 출신도 별로 없다. 대부분 현업에서 다양한 경험을 한 후 컨설팅에 지원한 인력이다. 컨설팅 자체의 경력으로 비교하면 학교를 졸업한 후 신입 시절부터 컨설팅 펌에 있던 직원에 못 미친다.

스펙, 컨설팅 경력, 세련됨은 떨어질 수 있다. 그런데 놀랍게도 고객들이 공통적으로 이들의 컨설팅은 뭔가 다르다고 말한다. 탁상공론이 아닌 실제적인 컨설팅이라는 것이다. 내부 보고, 조직 메커니즘, 실행까지 잘 이해한다는 것이다. 비결이 무엇일까? 그들이 실제 경험을 해봤기 때문이다.

그러므로 버려지는 경험이란 없다. 모든 경험은 점dot이지만, 잘 연결connect하면 큰 힘을 발휘한다. 그러므로 너무 빠른 나이에 자신의 재능을 단정할 이유도, 새롭게 시작하는 것을 회피할 필요도 없다.

물론 자신의 뜻과 가치, 성향이 맞으면 한 분야에서 승부를 거는 것도 좋다. 한 분야에서 일가를 이룬 장인도 많다. 다양한 경험을 하는 것과 인내심 없이 이것저것 집적대기만 하는 것과는 조금 다를 것이다. 몇 개월이나 1, 2년에 한 번씩 커리어가 바뀐다면 이를 신뢰하긴 어렵다. 몇 가지를 동시에 하는 것 또한 집중하기 어렵다. 그럼 언제 새로운 도전을 하는 게 좋을까? 어느 정도 숙달되었지만 성장이 정체될 때, 연봉 상승에 한계가 보일 때, 더 큰 책임을 맡고 싶을 때 등이 아닐까 싶다.

얼마 전 〈엘리멘탈〉이라는 영화를 보았다. 메시지는 단순하다. '레거시와 관습을 떠나라. 존중은 하되 타인(부모)이 네게 부여한 삶을 떠나라. 죄책감을 느끼지 마라. 새롭게 시도하라. 너의 길을 가라.'

13

쓸데없어 보이는 일까지
해보는 게 경쟁력이다

       3명으로 구성된 스타트업 팀원을 만났다. 다들 학력과 경력이 화려했고 글로벌 기업이나 플랫폼 기업 출신이었다. 이미 돈 버는 BM Business Model을 갖추고 있었고 자금도 충분했다.

    그런데 이야기하다 이런 말이 나왔다. "창업을 하니 정말 잔일이 많아 핵심 업무에 집중하기 어렵습니다. 사무실 구하는 것, 시장조사하는 것, 직원 뽑는 것, 돈 계산 하는 것⋯." 대표가 멋지게 CTO, CMO를 영입했지만 그들 또한 실제로는 개발이나 마케팅 말고도 허드렛일처럼 보이는 일을 해야 했다.

    이미 세팅된 기업에서는 다른 일은 신경 쓸 필요 없이 개발, 마케팅, 영업에 집중하면 된다. 누군가가 세금계산서도 발행하고 수금도 하고 채권도 관리하고 내가 쓴 비용도 정산해주며 월급도 제때 준다. 누군가 리쿠르팅하고 면접도 하고 협상도 하며 채용도 한다. 또 노트북과 소프트웨어도 구매해주고 IT 인프라도 갖추어준다. 사무 공간도 만들어주고 쓰레기도 치워주며 사무실 기구나 장비에 이슈가 있으면 고쳐준다. 홍보도 하고 회사도 알린다. 잘 보이지 않지만 누군가가 여러 일을 처리해 본업에 집중할 수 있게 한다.

대기업 임원 정도가 되면 비서와 스태프가 주위에 있어 소위 '입'으로만 대부분의 일을 할 수 있다. 그러니 퇴임하면 스스로 영업도, 콘텐츠 생성도 못하고, 파워포인트나 엑셀 자료 한 장도 못 만들 뿐 아니라 온라인 쇼핑도 서류 발급도 못해서 헤맨다는 우스갯소리가 있다.

나는 이런 말을 했다. "쓸데없어 보이는 일까지 해보는 게 경쟁력이다." 그런 일을 하나씩 거쳐보면 다음과 같은 장점이 있다.

1. 다른 사람에게 자신이 경험해본 업무를 맡길 경우 그 일의 규모를 대략 산정할 수 있고 그가 전문가인지 아닌지 구별할 수 있다.

2. 효율화하고 시스템화할 수 있는 방법을 찾을 수 있다.

3. 그 업무를 하는 사람에게 공감하고 급한 경우 지원할 수 있다.

업무는 위임하거나 아웃소싱하기 전에 어떤 일이든 경험해 보는 것이 좋다. 계속 그 일을 할 필요는 없지만 잠시라도 해보는 것과 전혀 모르는 것에는 큰 차이가 있다.

만일 당신이 지금 하고 있는 일이 허드렛일처럼 보인다면? 걱정하지 마라. 허드렛일이나 쓸데없는 일이란 없다. 모든 일은 내가 어떤 의미를 부여하느냐에 달려 있다. 계속 그것만 할 이유는 없겠지만 이후 그것이 모두 하나의 점이 되어 연결되면 큰 파워를 낼 것이다.

대기업에서 배울 수 있는 것

대기업에 다니다 창업한 사람을 만났다. 학교를 중퇴하거나 막 졸업한 후 창업하는 사람도 많지만 요즘은 대기업에 다니다 창업하거나 스타트업으로 옮기는 사람도 많다. 나는 다양화 측면에서 좋은 신호라고 생각한다.

대기업을 싫어하는 사람은 대개 관료주의나 속도, 보상·승진 제도 등에 대해 답답해하고 비판하기도 한다. 그러나 기업이 커지면 이런 특성이 나타날 수밖에 없다. 문화란 회사의 규모와 업종에 따라 나름대로 최적화되어 진화한 것이기에 좋고 나쁨으로 판단하기는 어렵다.

그러면 대기업(글로벌 기업 포함)에서는 배울 것이 없을까? 그렇지 않다. 관심과 호기심을 가지고 잘 경험하면 스타트업에 가도 특히 스케일업하는 데 매우 큰 도움이 될 수 있다. 내가 생각하기에 배울 수 있는 점은 다음과 같다.

1. 교육

국내 대기업에서 얻을 수 있는 가장 큰 혜택이라 해도 과언이 아니다. 입사부터 단계 하나하나 교육 기회를 제공한다. 흥미롭게도 대기업에 다니는 사람은 대개 이에 대해 그리 감사하게 생각하지 않는다. 그러나 열심히 참여하면 자기 돈 들이지 않고 수천만 원짜리 교육을, 그것도 근무시간에 다양하게 받을 수 있다. 나도 평생 업무에 필요한 소프트 스킬의 50%를 첫 번째 회사에서 3년간 근무하며 배웠다.

2. 보고

대기업은 보고 체계가 매우 치밀하다. 물론 이로 인한 의사결정 지연 이슈가 있고 많은 구성원이 보고서 작업에 지나치게 많은 시간 동안 매달리기도 한다. 그러나 똑똑한 상사에게 잘만 훈련받으면 자신의 생각을 스토리로 만드는 법, 논리화하는 법을 사원 시절부터 훈련할 수 있다.

3. 시스템과 프로세스

대기업에는 개인기에 별로 의존하지 않는 체계가 구축되어 있다. 그래서 개인의 창의성을 발휘할 기회가 적지만 대신 비즈니스가 자동으로 돌아가는 다양한 시스템의 힘을 경험한다. 이를 유심히 봐두면 창업 후 스케일업하는 데 큰 도움이 된다.

4. 위험 관리

대기업에서는 돌다리도 두드려보는 게 문제일 수 있다. 그러나 여기에서 위험 관리를 배울 수 있다. 사업은 잘나가다가도 한 방에 무너질 수 있다. 다양한 위험 관리 스킬을 익힐 수 있고 이 또한 스케일업할 때 큰 도움이 된다. 요즘 큰 벤처들이 위험 관리 경험이 없는 창업자 때문에 불안한 모습을 보이는 경우가 많은데 대기업에서 위험 관리를 경험한다면 이런 일을 막을 수 있다.

5. 대형 프로젝트 관리 경험

대기업에서는 대리, 과장이 몇억, 몇십억, 몇백억 원짜리 대형 프로젝트를 기획하고 실행하기도 한다.

6. 커뮤니케이션과 리더십

다양하고 방대한 조직과 일하다 보니 커뮤니케이션이나 인간관계 관리 능력, 정치적 능력과 리더십을 훈련할 수 있다.

7. 기본기

대기업에서는 기본 상식, 인성, 법규와 윤리 준수 등의 기본기를 배우게 된다. 생각 외로 많은 회사에서 이런 것을 교육하지 않는다.

8. 브랜드와 인맥

대기업에 다녔다는 것 자체가 시장에서 자신의 역량을 검증하는 효과가 있고 일하던 동료나 선후배가 향후 좋은 인맥이 될 수 있다. 또 다니던 기업이 잘될수록 자신의 커리어에도 더 큰 도움이 되므로 잘되도록 응원하라.

그러나 대기업에 다니면 이른바 '헝그리 정신'이 약하고 성장 속도는 느리다. 나이가 들수록 대기업이 원하는 인재상과 문화에 자신을 맞출 수밖에 없다. 두루뭉술하고 전문성이나 도전 정신이 떨어지는 사람이 될 수 있어 창업하거나 스타트업에 들어가기가 쉽지 않을 수 있다. 창업을 하거나 스타트업으로 이직하려 한다면 타이밍을 잘 맞추는 것이 좋다.

당신이 대기업에 다닌다면? 앞에서 이야기한 사항을 잘 익히되 전문성을 기르는 것을 게을리하지 않고 꾸준히 공부하고 훈련하면 계속 대기업에 있어도 성공할 뿐 아니라 창업을 해도 큰 도움이 될 것이다.

제프 베이조스는 이런 말을 했다. "차고에서 창업하는 기업가들이 탄소섬유를 이용해 연료 효율이 높은 보잉787을 만들 수 없다. 대기업이 할 수 있는 일과 스타트업이 할 수 있는 일이 있다. 아마존도 직원 수가 10명, 1,000명, 1만 명, 50만 명일 때 할 수 있는 일이 달랐다." 대기업이 잘할 수 있는 일이 있고 스타트업이나 벤처, 테크 회사가 잘할 수 있는 일이 있다.

대기업 근무 vs 벤처 근무 vs 창업 중 어떤 것이 더 낫다고 할 수는 없다. 나도 모두 경험했지만 어디든 장단점이 있다. 자신의 가치, 성향, 비전, 상황에 따라 스스로 선택하면 된다. 단지 어느 곳에 있든지 불평보다는 배울 것이 무엇인지에 집중한다면 충분히 조직도 자신도 윈-윈하고 이후 커리어의 기반으로 활용할 수 있을 것이다.

맨땅에 헤딩하는 것은
낭비일 뿐일까?

직장 생활을 작은 기업에서 시작한 사람
이 이런 말을 한 적이 있다. "저는 누구에게 제대로 배워보지도
못하고 맨땅에서 시행착오를 겪으며 제가 다 만듭니다. 회사에
멘토가 되어줄 분도 없고요. 대기업이나 글로벌 회사에서 선배
들에게 차근히 배우고 쌓인 지식과 방법론을 기반으로 일하는
사람들이 부럽습니다."

사실 작은 기업에는 많은 단점이 있다. 고용도 불안하고 시
스템도 제대로 갖추어져 있지 않다. 직원을 뽑아 차근히 훈련
시키기보다 당장 활용하기 위해 채용한다. 그 때문에 직원은
별도로 노력하지 않으면 기본기를 익히지 못하게 된다. 그리고
대표가 누군가에 따라 문화가 완전히 달라진다. 비도덕적이고

독재자 성향을 지닌 대표를 만나면 어려움을 겪게 된다.

그래도 생존 의식이 강해진다. 역량과 실력 차이가 분명히 눈에 띄기 때문에 자신을 계발하고 성과를 내는 사람들은 빠르게 성장할 수 있는 기회가 주어진다. 물론 더 많은 노력이 필요하다.

내가 벤처를 공동 창업했을 때였다. 내가 맡은 것은 IT 분야 컨설팅 사업이었다. 흥미롭게도 나는 컨설팅이라는 것을 해본 적이 없었다. 맥킨지McKinsey나 베인Bain은커녕 작은 컨설팅 펌에도 다녀본 적이 없었다. 대기업에서 몇 년 일했지만 다른 영역이었다.

그런 내가 컨설팅 사업 조직을 책임지게 되었다. 직원은 모두 대학을 갓 졸업한 신입 사원이었다. 할 줄 아는 것은 당연히 없었다.

컨설팅을 하나의 사업으로 한다는 것은 몇 개월 기한 내에 고객의 문제를 풀어주는 것이다. 그런데 자문이나 코칭과 달리 너무 빨리 문제를 해결해서도 안 된다. 몇 개월은 진행해야 의미 있는 매출이 창출되기 때문이다. 반대로 시간이 너무 많이 걸려도 안 된다. 고객은 정해진 시간에 문제를 풀길 원하기 때문이다. 또 뛰어난 사람만 할 수 있는 일이어도 안 된다. 인건비 부담이 너무 크기 때문이다.

나는 당시 아는 컨설턴트도 없었고 시간도 없었기에 누구를 찾아가서 배우려 하지 않고 나 스스로의 생각으로 해결해보려

했다. 물론 책이나 구글링으로 공부하기는 했다. 결국 내가 해결해야 할 문제는 다음과 같았다.

'고객의 문제를 진단하고 이를 해결하는 가장 효과적이고 효율적인 대책을 제시함. 그러나 비즈니스가 되기 위해서는 정해진 기간의 한계가 필요하고 일반 컨설턴트가 참여해도 어느 정도 품질이 유지되어야 하며 동시에 여러 프로젝트를 진행해도 문제가 없어야 함.'

문제를 해결하기 위한 프레임워크를 만들고 프로세스와 인풋, 아웃풋을 정하고, 엑셀로 템플릿을 만들었다. 그리고 고객사에 직원을 다 데리고 가서 실제 적용해보며 보완했다. 고객은 어떻게 확보했을까? 다행히 우리의 학력과 경력, 그리고 제안 능력과 발표력이 큰 역할을 해주었다. 그러나 그것은 수주 때까지만이었다.

이후 몇 군데 더 시행해 방법론과 산출물을 진화시킨 후에는 직원들을 교육해 여러 프로젝트에서 반복·확산하도록 했다.

간혹 내가 제대로 된 회사에 들어가 차근히 배웠다면 어땠을까, 라는 생각을 해본다. 그랬다면 체계적으로 기본기를 익히고 모범적인 실행법도 배울 수 있었을 것이다. 훨씬 멋지게 문제를 해결했을 수도 있고 보고서도 훌륭하게 작성할 수 있었을 것이다. 작은 회사에서 혼자 맨땅에서 헤딩하면서 직접 모든 것을 만들어본 경험은 매우 비효율적인 것이었다. 그러나

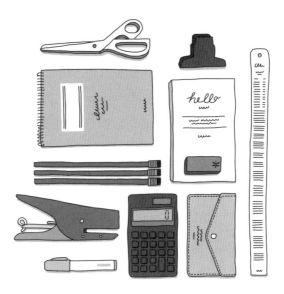

이러한 경험은 이후 다음과 같은 커리어에 커다란 경쟁력이 되었다.

어떤 일을 맡든지 프레임워크를 만들고 방법론을 설계하고 논리적으로 현상을 정리하는 것이 어렵지 않았다. 맨땅에서 고생하며 전 과정을 경험해보았기 때문이다. 그냥 주어진 방법론으로 실행했다면 이런 능력을 습득하기 어려웠을 것이다.
또, 어떤 영역의 방법론이든 어렵지 않게 설계할 수 있었다.

한 가지를 습득하면 다른 것은 콘텐츠만 변경하면 되었기 때문이다.

품질 차이도 금방 파악할 수 있었다. 스스로 고민을 많이 하고 공부했기에 어디가 막히는 부분bottleneck이고 어려운 포인트인지 실감했다. 이를 통해 훌륭한 방법론, 보고서나 산출물이 무엇인지 분별하는 능력이 생겼다.

그러므로 맨땅에 헤딩하는 경험이 나쁘다고 단정할 필요는 없다. 물론 잘 세팅된 체계 위에 무언가를 쌓는 것이 훨씬 효율적이다. 배우고 익히며 멘토를 찾는 것은 필수지만 때로 무언가를 배우기 전에 자신의 생각만으로 만들어보는 것도 필요하다. 다른 사람의 실수를 반복할 위험도 있으나 편견 없이 백지에서 만들어볼 수도 있고 생각하는 힘을 기를 수도 있다.

그러므로 자신이 어디에 있든 기회를 잡을 수 있다. 현 상황을 불평하기보다 자기 계발 기회로 활용하라. 그리고 역량을 축적해 더 나은 커리어로 점프업하라.

창업가와
대기업 직원의
차이

최근 20~30대 젊은 창업가들과 만나면서 대기업에서 근무하는 20~30대 젊은 직원을 생각하게 되었다.

20~30대 창업자와 대기업 직원은 나이, 학력과 백그라운드가 비슷하지만 생각의 폭과 관점이 매우 다르다. 대기업에서 젊은 직원들은 아직도 어린아이 취급받는데 안타깝다는 생각이 든다. 이후 10년 이상 지나면 격차가 매우 커질 것 같다. 다양한 대기업을 경험해보니, 대기업은 어디나 비슷한 것 같다. 대략 차이를 정리하면 다음과 같다.

창업가는 비즈니스적 관점으로 생각하고 대기업 직원은 기능적 관점으로 생각한다. 창업가는 자신의 서비스로 고객에게 어떤 가치를 제공하고 이를 통해 어떤 수익을 얻을지 생각한다. 그러므로 생각의 폭이 넓고 사업적이며 실제적이고 항상 새로운 사업 아이디어가 있다. 반면 대기업 직원은 자신의 직무와 책임을 중심으로 생각한다. 구성원 입장에서만 생각하지 비즈니스 관점에서 생각하지 않는다. 자신의 일이나 프로젝트의 진짜 목적이 무엇인지, 그것이 진짜 가치를 주고 효과가 있는지 고민하기보다는 맡은 일 자체를 잘하는 것을 더 중요하게 여긴다. 특정 부서를 제외하고는 평생 사업 아이디어를 전혀 생각하지 않는다.

창업가는 자신의 생존을 좌지우지하는 것이 고객과 시장이라 여기지만 대기업 직원은 상사라 여긴다. 또 대기업 직원은 조직이 크기에 다양한 이해관계자와 좋은 관계를 유지하는 데 익숙하다. 그러므로 창업자는 고객을 기쁘게 하는 데 예민하지만, 직원은 상사와 주위 사람들을 기쁘게 하는 데 예민하다.

창업가는 큰(절대적으로 크다는 의미는 아니다) 목표를 추구하고 애자일agile 방식으로 성취하지만 대기업 직원들은 작은 목표를 추구하고 폭포수waterfall 방식으로 성취한다. 창업가는 KPI Key Performance Indicator(핵심 성과 지표) 등에 그리 연연하지 않는다. 과감하게 목표를 세우고 실험한다. 되면 좋고 안 되면 교훈을 얻어 다시 실행하면 된다. 그러나 대기업 직원에게는 KPI가 중요하다. 여기서 실패하면 승진 대열에서 멀어지기 때문이다. 그러므로 작은 목표를 세우고 철저한 계획을 세워 이를 성공시키는 데 익숙하다. 단기간에 규모와 성과를 보여야 하는 대기업에서는 애자일 방식으로 일하는 훈련을 받기 어렵다.

정리하면 대기업에서 훈련받은 사람은 ① 철저한 계획과 논리로 자신의 역할 범위 내에서 작은 성공을 이루는 것에 익숙하고 ② 상사를 만족시키는 것, 다양한 조직, 이해관계자와 좋은 관계를 맺는 것에 익숙하다. ③ 반면 비즈니스적 마인드가 약하고, 사업 아이디어를 내고 이를 구체적으로 실현시키는 역량과 전문성이 부족하다. 애자일로 일하는 방식에 대한 경험과 역량이 부족하다.

그 때문에 대기업에서는 가장 잘나가는 사람조차 자신의 사업을 만들고 창업하는 데 두려움을 느낀다. 창업 아이디어도 별로 없다. 벤처 창업가는 항상 새로운 창업 아이디어가 샘솟는데 말이다.

그러면 창업가에 비해 대기업에서 훈련받은 사람은 장점이 없을까? 다음과 같은 장점이 있다.

조직과 시스템이 움직이는 메커니즘을 익힌다.

벤처에서 갑자기 엄청나게 커진 기업의 경영자를 만나보면 매우 똑똑하고 사업 감각이 뛰어나다. 그런데 대개 리더십이 미숙하고 외적 이슈와 리스크에 쉽게 당황하며 회사가 작았을 때 적용하던 방식을 고수하는 사람이 많다. 개인 역량으로 성장만 추구했고, 갑자기 성장했기 때문이다. 대기업에서 훈련받은 사람은 이런 것에 관련된 경험이 많다.

큰돈과 큰 딜deal을 다루고 투자한 경험이 있다.

대기업에서는 직위가 낮은 인력도 적지 않은 금액을 운용할 수 있다. 우리 조직도 최소 몇십억 원 이상 규모가 아닌 이상 내게 보고조차 하지 않는다. 큰 그림을 그리고 큰돈을 쓰고 큰 투자를 하는 경험을 쌓은 사람이 꽤 있다.

똑똑한 사람이 많고 정보도 많아 트렌드를 잘 읽고, 전략 방향도 잘 세운다. 물론 실행 중 끈기가 없고 단기적 성과를 기대하기에 대부분 실패하지만, 어젠다를 정하는 능력은 탁월하다. 또 벤처 창업가에 비해 돈도 성공 경험도 적지만 자신이 소속된 회사와 자신의 사회적 지위에 대한 자부심이 있고 다양한 교육과 훈련으로 대개 기본기가 탄탄하다.

설득하고 보고해야 할 대상자가 많기에, 논리적이고 체계적인 사고 역량이 매우 발달한다. 논리적으로 똑똑하고 설득력 있고 공부 잘하고 좋은 대학 출신이 유리하고 승진하기 쉽다. 반면 창의성, 독특성, 실험 역량은 별로 계발되지 않는다.

대기업 인력이 벤처 정신으로 훈련받을 기회를 만들 수 있다면 대기업도 대한민국 산업도 한 단계 도약하지 않을까 하는 생각이 든다.

이 글을 읽는 독자가 대기업 직원이라면 자신이 무엇을 추가로 훈련해야 할지 이해할 수 있을 것이다. 대기업의 장점을 익히고 여기에 사업적 감각을 더한다면 더욱 크게 발전할 수 있을 것이다. 이를 기억하고 훈련한다면 향후 경쟁력 있는 인재로 성장할 것이다.

자신의 한계를 뛰어넘는 10×10 법칙

어떻게 자신의 한계를 뛰어넘고 커리어 성과와 영향력을 확장할 수 있을까?

물론 다양한 경험을 하고 학습하며 역량을 키우는 것이 기본이다. 그러나 개인의 노력에만 초점을 맞추면 안 된다. 어떤 책에서는 10×10 원리를 말한다. 10×10이란 무엇일까? 10을 가진 사람과 또 다른 10을 가진 사람이 협력하면 곱의 효과가 생겨 100이 된다는 것이다. 즉 자신이 10이라면 10의 상대를 만나 협력하라는 것이다. 10의 상대는 누구일까? 서로의 강점과 무기가 달라 시너지를 낼 수 있는 상대다.

생각해보니 내게도 그런 파트너들이 있었다. 나는 전략, 기획, 콘텐츠 생성, 리더십, 사람을 끌어당기는 일 등을 잘했으나 고객과 관계를 맺고 현장에서 뛰며 실무를 처리하는 것, 세세한 일을 꾸준히 실행하는 것, 확산해서 여러 사업을 벌이는 것 등은 좋아하지 않았다. 그런 이유로 나는 꾸준한 영업이나 성실한 실행가, 야심 찬 마케터와 같이 일할 때 10×10이 이루어졌다.

그러므로 동료와 파트너를 찾아 서로 돕고 서로 연결하라. 아무래도 내향적인 사람은 이런 부분을 어려워한다. 그러나 '많은' 친구와 파트너가 필요한 것은 아니다. 소수라도 자신과 시너지를 낼 수 있는 친구나 파트너가 있다면 그것으로 충분하다.

이때 10×10을 이루려면 당신이 먼저 어떤 영역에서 10이 되어야 한다. 10이 되지 않더라도 최소 1은 넘어야 한다. 그렇지 않으면 상대에게 가치를 주지 못한다. 1 둘이 만나면? 1×1=1이니 혼자 하는 것만 못하다. 10이라도 1을 만나면 상승효과가 전혀 없다. 10×1=10이기 때문이다.

최악은 '마이너스'인 상대를 만나는 경우다. 당신이 10이라도 망하게 된다. 마이너스는 당신의 에너지와 재능만 빼앗아가고 이용만 하는 사람이다. 또는 가치와 추구하는 방향이 너무 달라 불화가 생긴다. 이 경우 시너지는커녕 망가지는 것을 조심해야 한다. 10×-10=-100.

좋은 파트너를 만나려면 먼저 당신의 강점을 발견하고 이에 관련된 실력을 키워 당신도 기여할 것이 있어야 한다. 물론 정말 좋은 친구라면 서로 주고받을 것이 없어도 함께할 수 있다. 그러나 인간관계에서는 기본적으로 서로 주고받을 것이 있어야 한다. 당신도 도울 것이 있고, 당신도 도움받을 수 있는 상대를 찾아라. 이를 통해 서로 시너지를 내라. 그것이 100을 만드는 비결이다.

또 다른 10을 어떻게 찾을지 항상 관심을 가지고 주위를 살펴라. 같이 일하면서 상대를 살펴보라. 시너지를 낼 후보를 발견했다면 먼저 도움을 주고 베풀어라.

약한 연대weak tie를
구축하라

사회학자 마크 그라노베터는 이직이나 새로운 아이디어는 잘 알고 자주 만나는 사람보다 그렇지 않은 사람에게 더 쉽게 얻을 수 있다는 주장을 했다. 이를 '약한 연대 weak tie의 힘'이라고 한다. 이러한 약한 연대를 만들기에 좋은 장은 어디일까? 다양한 비공식 모임이나 SNS다.

어떤 한국 유학생의 이야기를 들은 적이 있다. SNS를 통해 노벨상을 받은 케임브리지대학교 교수에게 연락을 했는데, 그분이 응답하고 만나줘서 자신의 아이디어와 의지를 피력한 후 그의 연구실에서 박사과정을 밟게 되었다고 한다. 공식 서류로 지원했으면 입학할 수 없었을 상황을 약한 연결의 힘으로 해결한 것이다.

나도 페이스북이나 링크드인Linkdin을 통해 많은 사람과 대화하기도 하고 만나기도 한다. 잘 모르는 사람들은 내가 일방적으로 주기만 한다고 생각하지만 그렇지 않다. 나 또한 젊고 성장 욕구가 넘치는 사람들을 만나며 아이디어도 얻고 네트워크도 넓힌다. 오프라인 모임을 별로 좋아하지 않는 내향형인 내가 어떻게 수많은 스타트업·벤처 CEO나 20~50대 다양한 직장인, 수많은 기업 리더를 알게 되었겠는가!

물리적으로 자신이 아는 사람은 제한될 수밖에 없을뿐더러 자신의 나이, 출신 학교, 회사나 직위 수준 밖 사람과 연결되기 어렵다. 그러나 인터넷, SNS 세계에서는 그렇지 않다. 강하지는 않지만 약하게라도 연결될 수 있다. SNS가 아니라도 다양한 사람이 같이 무언가 배우는 모임 등도 괜찮다.

직위, 성별, 직업과 무관하고 자신과 직접적 이해관계가 없기에 더 객관적으로 서로의 아이디어를 공유할 수 있다. 서로 너무 잘 알면 신변잡기밖에 나누지 못할 수도 있다. 그러므로 이런 약한 연대를 통해 다양한 사람들과 가볍게 연결되는 것이 새로운 가능성의 통로일 수 있다. 가깝고 잘 아는 사람보다 오히려 더 큰 아이디어와 새로운 기회를 서로에게서 얻을 수 있다.

약한 연대를 하려면 SNS에서 '좋아요'도 누르고 댓글로 질문도 구하라. 더 나아가 자신의 경험도 조금씩 포스팅하는 것이 좋다. 일주일에 한 번 정도도 충분하다. 다른 사람에게 보이려 하기보다 자신의 발자취를 기록한다고 생각하면 된다. 나도 이런 과정을 매주 한 번씩 10년 넘게 거쳤다. 내가 45세부터 시작했으니 여러분도 늦지 않았다. 영향력 있는 사람이 주관하는 온·오프라인 모임에 참석해 가볍게 연결되는 것도 좋다.

나는 특히 한 회사에서만 오래 근무하는 임직원에게 이러한 약한 연결을 만들 것을 권한다. 링크드인을 봐도 포스트를 올리는 사람은 거의 대부분 글로벌 기업, 스타트업이나 테크 기업 사람이다. 특히 국내 대기업이나 공공기관 등 한곳에서만 오래 근무하는 사람은 약한 연결이 별로 없다. 관심도 많지 않고, 설령 관심이 있어도 기업 문화가 보수적이기에 포스트를 올리거나 적극적인 표현을 하기 어렵다. 상하 관계에 대한 경직성이 회사에서 습관화되었기에 자신보다 직위가 높은 사람에게 접근하기 어려워한다. 외부 활동에 적극적이면 일 안 하고 다른 곳에 신경 쓴다고 상사나 동료의 오해와 시기를 받기도 하기에 더더욱 어려워한다.

그러다 보면 표현 역량뿐 아니라 다양한 아이디어 수집과 인맥이 제한된다. 자신만의 섬에 고립될 위험도 있다. 한 회사에서 정년까지 보내는 경우는 앞으로 점점 줄어들 것이다. 기업에서 시스템적으로 일해온 대기업 임직원은 회사를 나오면 스스로 무언가를 할 역량이 부족하다는 것을 깨닫는다.

물론 한 회사에서 오래 근무하는 것도 괜찮다. 단, 외부와 연결되지 않으면 '우물 안 개구리'가 될 위험이 높다. 진짜 성장은 자기 분야의 벤치마킹이 아닌 타 분야 벤치마킹과 자극에서 비롯된다. 그러므로 다양한 생각과 흐름을 배우고 읽을 필요가 있다. 과거와 달리, 이제 기업도 구성원을 가두어두지만 말고 외부의 다양성에 더 오픈되도록 기회를 주는 것이 불확실성 속에서 성장할 수 있는 길이다.

성장을 원하는가? 지금 일을 잘하라. 자신의 역량을 더 키울 수 있는 일이나 프로젝트, 포지션에 자원하라. 이에 더해 약한 연결을 조금씩 만들어 새로운 자극을 받고 배우고 새로운 가능성을 만들라. 조급해할 필요는 없다. 이 또한 축적이 필요하다.

⑲

승진 전략

　　많은 직장인이 승진을 원한다. 이유가 무엇일까? 대개 승진은 더 많은 연봉과 더 큰 책임을 동반한다. 또 자존심의 문제이기도 하다. 능력과 성과가 비슷한 동료가 있는데 자신만 승진에서 누락된다면 이는 자존심에 큰 상처를 입는다.

　　승진에 관심이 없다고 말하는 사람도 있지만 정말 관심이 없는 사람은 거의 없다. 대부분은 승진을 희망한다.

　　승진을 하려면 어떻게 해야 할까?

승진 = f(역량, 성과, 인맥, 태도, 운)

승진에는 당연히 역량과 성과가 가장 큰 영향을 미치지만 기업의 문화에 따라 인맥, 처신의 영향 또한 적지 않다. 타이밍과 운 또한 중요하다. 회사의 상황에 따라 어떨 때는 승진을 많이 시켰다가 어떨 때는 적게 시킨다. 어떨 때는 이 부서에서 승진하는 사람이 많이 나오고 어떨 때는 저 부서에서 승진하는 사람이 많이 나온다. 승진 T/O에 따라 꼴등으로 승진한 사람과 1등으로 누락된 사람은 실력 차이가 거의 없을지라도 최소한 1년의 격차가 벌어진다. 1등으로 누락된 사람은 그다음 해에는 자동으로 승진할까? 그렇지 않다. 그러므로 약간의 차이가 이후 큰 차이가 될 수도 있다. 승진 전략을 정리해보면 다음과 같다.

첫째, 주니어일수록 태도가 중요하다. 어떤 사람의 성과를 객관화하기 어려울수록 태도의 비중이 커진다. 평소 일찍 출근하고, 상사나 동료에게도 잘하고, 어려운 일이 있으면 자원하고, 열심히 배우려는 사람은 좋은 평가를 받게 되어 있다. 물론 태도는 경력이 오래되어도 중요한 요소이기는 하지만 경력이 쌓일수록 성과의 비중이 커진다. 주니어라면 성실하고 업무에 열심히 임하며 충성된 태도로 무장하라.

둘째, 무언가로 기억되는 사람이 되어야 한다. 승진이란 절대평가가 아닌 상대평가다. 평범하거나 평균적이면 승진하기 어렵다. 그러므로 무언가로 기억되는 사람이 될 필요가 있다. 특정 전문성 부분에서 뛰어난 사람이라는 이야기를 들으면 좋다. 또는 인상 깊은 이벤트의 주인공이 되면 좋다. 수주를 성공시켰다든지, 마케팅을 성공시켰다든지, 회사 내에서 큰 상을 받았다든지 등 무엇인가 눈에 띌 필요가 있다.

셋째, 중간 이상의 성과가 필요하다. 물론 최고의 성과를 내는 것이 좋다. 그러나 성과라는 것은 영업 등 특정 직무가 아닌 이상 명확히 측정하기가 쉽지 않다. KPI 점수가 좋다고 해도 높은 성과를 낸 것은 아니다. 그래서 승진을 단지 KPI 점수순으로 시키지는 않는다. 그럼에도 회사에는 성과 측정 지표가 있을 것이다. 이러한 지표에서 최소한 중간 이상의 결과를 내야 한다.

넷째, 현재 업무를 잘하는 것이 아니라 더 큰 책임을 감당할 수 있는 사람을 승진시킨다. 외국 기업은 이 개념이 명확하다. 더 큰 책임 역할이 없으면 현재 업무를 아무리 잘해도 승진시키지 않는다. 그러나 국내 기업은 현재 업무를 잘하면 승진시키는 경향이 있다. 승진에서는 승진 대상의 포지션을 수행할 역량이 있음을 증명할 필요가 있다. 그러므로 현재 일만 열심히 하기보다 한 단계 더 높은 위치를 맡는다면 자신이 무엇을 할 수 있을지, 그것을 위해 무엇을 준비할지, 그에 대한 아이디어를 가끔씩 제시해 그 책임을 감당할 수 있음을 보인다.

다섯째, 평가는 상사가 하고 상사의 상사가 결정한다. 그러므로 상사와 상사의 상사와 좋은 관계를 맺고 좋은 인상을 심어주는 것이 중요하다. 그저 소극적으로 그들의 평가를 기다리기보다 코칭을 요청하라. 가끔씩 자신의 의지를 표현하는 것도 좋다. 표현하지 않으면 욕심이 없다고 여기거나 비슷한 사람들 끼리 경쟁할 경우 배제되기도 한다.

여섯째, 기준 이하로 떨어지는 항목이 없어야 한다. 일은 잘 하는데 평가가 좋지 않다든지, 다른 사람을 대하는 태도가 좋 지 않다든지, 근무 태도가 좋지 않다든지 등 기준에 미달하는 무언가가 있으면 승진에 큰 걸림돌이 된다. 역으로 포상을 받 았다든지 하면 가점을 받는다.

20

누군가 당신을 발견할
확률을 높여라

가끔 이런 이야기를 듣는다.

"그분은 재야의 고수인데 유명해지지 못해 안타까워요."

"그 책은 너무 좋은데 별로 안 팔려요."

"그 친구는 일을 정말 잘하는데 커리어가 안 풀려요."

성공을 수학적으로 연구하는 물리학자 앨버트 라슬로 바라바시는 화가 49만여 명의 이력을 확보했다. 각 화가가 어디에서 작품을 전시했으며 얼마에 판매했는지 확인한 것이다.

연구 결과 뉴욕에 있는 현대미술관, 구겐하임미술관과 가고시안갤러리 등 명망 높은 미술관에서 전시한 화가들은 10년 후 작품 활동 지속 확률이 39%, 최고가 평균이 19만 달러인 데 반해 그렇지 못한 화가는 지속 확률이 14%, 최고가 평균은 4만 달러에 불과했다.

이를 통해 연구진은 화가들이 성공하게 된 가장 큰 계기는 '일류 화랑이나 미술관 전시'임을 알아냈다. 한번 일류 화랑이나 미술관에서 작품을 전시하면 다른 일류 화랑에서 전시할 가능성 또한 매우 높았다. 결국 주요 화랑이나 미술관에 작품을 전시해야 이후 미술계에서 슈퍼스타 지위를 보장받는 것이다.

그러면 어떤 화가들이 일류 화랑에서 전시를 할까? 연구진은 화가들의 과거 경력을 기반으로 동일 화랑에서만 계속 전시한 화가, 유명하진 않아도 세계 곳곳 여러 화랑에서 전시한 화가로 나눴다. 결론적으로 후자의 화가들이 일류 화랑 전시로 연결될 가능성이 6배 이상 높았다. 연구진은 이런 결론을 내렸다. '초기부터 집요하고 끈질기게 탐색하는 것이 운을 높이는 비결이다. 재능만으로는 안 된다. 누군가의 눈에 띌 확률을 높여라.'

초기에는 실력과 작품의 질에 큰 차이가 없었지만, 자신의 작품을 최대한 널리 알리려고 집요하고 끈질기게 다양한 곳을 접촉한 화가가 행운을 만날 기회가 더 많았다는 것이다. 반면 변방에서만 꾸준히 자리를 지킨 화가는 행운에서 멀어져갔다.

얼마 전 회사에 유명 강사가 와서 자신의 책이 베스트셀러가 됐다고 자랑하며 데이터로 분석해보니 핵심 비결은 아주 유명한 몇 곳의 유튜브 채널 출연이었다고 말했다. 물론 그 채널에 출연한 사람이 다 베스트셀러 작가가 되는 것은 아니겠지만 분명 사람들의 눈에 띌 확률을 훨씬 높일 수 있다. 유명 방송이나 유튜브 채널에서 출연 요청을 받으려면 어떻게 해야 할까? 이 역시 자신을 다양한 곳에 노출할수록 유리하다. 성공하길 원한다면 집요하고 끈질기게 탐색하고 확장하라. 자신이 편한 공간에만 머물지 마라. 핵심이 되는 허브와 연결돼라. 사람들의 이목을 끌 확률을 높여라.

물론 당신이 유명해지거나 부를 쌓는 것을 성공이라고 생각하지 않는다면, 또 굳이 행운을 원하지 않는다면 꼭 이렇게 할 필요는 없을 것이다. 그러나 분명히 알아두어야 할 것은 행운은 가만히 있는데 갑자기 오는 것이 아니라는 사실이다. 집요하고 끈질기게 움직일 때 행운은 조금 더 가까이 다가올 것이다.

연구진은 이러한 결론이 화가뿐 아니라 다른 업종에서도 유사하게 나타난다고 말한다. 당신이 유능해도 영향력 있는 인물이 이끌어주지 않는다면 성공의 계단을 오르기 쉽지 않다. 당신이 유능해도 성장하고 성공하는 회사에서 일하지 않는다면 훌륭한 커리어를 만들기 어렵다. 훌륭한 통찰이 있더라도 알려지지 않으면 우물 안에서만 유명할 뿐이다.

커리어 선택의 기술

　　지금 회사를 계속 다닐지, 아니면 창업할지 고민되어 커리어 상담을 청해온 지인이 있었다.

　지금 있는 회사에서 경력을 쌓을 훌륭한 프로젝트를 진행하고 있었지만, 그의 꿈은 자신의 회사를 세우는 것이었다. 이러한 질문을 한다는 것은 대개 둘 다 장단점이 극명해서 혼란스럽거나 대략 정해놓은 답에 확신을 얻고자 하는 경우다.

　커리어 선택에 대한 질문을 받으면 나는 대개 이렇게 말한다. "내가 어떤 것이 더 낫다고 말할 수 없다. 내가 중요시하는 것과 당신이 중요시하는 것이 다르기 때문이다. 타인에게 물어도 그의 기준에 따라 답이 달라질 것이다. 사람마다 돈, 성장, 자유, 안정, 워라밸 등 중요하게 여기는 가치가 다르다. 그러므로 선택은 당신이 하는 것이다. 선택을 하기 위해서는 당신의 선택 기준과 우선순위를 먼저 정하라."

그는 똑똑한 친구라 대략 몇 가지 기준을 가지고 있었다. 그래서 그 선택 기준과 우선순위에 대해 평가해보라고 했다. 그 기준대로 점검하니 한쪽이 우세하게 나왔다. 그런데 흥미롭게도 그는 그 선택에 마음이 가지 않는 듯했다. 조금 더 이야기해보니 그 기준에서 빠져 있는 것을 발견했다. 그것은 '불확실성'이었다. 자신도 인지하지 못한 중요한 기준이 있었던 것이다.

그 요소를 반영하자 이번에는 다른 쪽이 우세했다. 나는 "지금 상태에서의 선택은 A가 나아 보이는군요. 그러나 '불확실성'이라는 부분에 대안이 마련된다면 B를 선택할 수도 있겠습니다"라고 말했다.

그는 내 말을 듣고 현재 어떤 선택을 해야 할지, 또 다른 선택을 하기 위해서는 언제까지 어떤 부분을 변화시켜야 할지 이해했다. 그러고는 마음의 짐을 벗고 계획을 세울 수 있었다.

우리는 삶에서 중요한 선택을 여러 번 한다. 똑똑하든 그렇지 않든 대개는 휴리스틱heuristic적으로 머릿속에서 몇 개의 변수를 빠르게 시뮬레이션해 선택한다. 물론 때로는 홧김에 선택하기도 한다. 이러한 방식이 나쁜 것은 아니지만 엉뚱한 결정을 할 수도 있다. 휴리스틱이란 효율을 높여주는 매우 훌륭한 도구지만 훈련되지 않은 경우 비합리적 결정으로 이끌기도 한다.

그러므로 다음을 훈련하는 것이 좋다.

1. 선택하기 전에 선택 기준을 도출한 후 기준에서 우선순위를 정하고 이를 기반으로 평가해 선택한다. 이를 통해 자신이 무엇을 중요시하는가를 알게 된다.

2. 마음으로는 원하되 당장 선택하지 못하는 경우라면 이에 영향을 미치는 중요한 요인이 무엇인지 파악한다. 그 요인을 어떻게 하면 변화시킬지, 언제까지 변화시킬 수 있을지 계획하여 실행한다.

그런데 흥미로운 것은 선택이란 앞에서 말한 것처럼 각 옵션의 비용, 효과 계산만으로 이루어지는 것은 아니라는 사실이다. 조금 더 넓은 시각에서 볼 필요가 있다. 목적과 가치의 관점으로 보면 대개 아무거나 선택해도 괜찮을 때가 있다.

이때 중요한 것은 무엇일까? 선택 자체보다 선택한 결정을 올바른 것으로 만드는 일이다. 장단점이 유사하면 고민을 멈추고 동전을 던져라. 그리고 그 결정을 올바르게 만드는 실행에 집중하라.

커리어 이동 시
문화의 힘을
무시하지 마라

얼마 전 대기업 A, B사와 대형 테크 회사 C를 거친 한 지인이 이런 이야기를 했다.

"대기업 A는 매우 경쟁적입니다. 서로 이기려 합니다. 그래도 룰이 어느 정도 있어 그 안에서 경쟁하죠. 테크 회사 C에서는 완전히 개별 경쟁을 합니다. 협력이라는 것은 거의 없고요. 서로 너는 얼마나 잘하나 보자는 분위기인데, 마치 정글 같아요. 새로 들어온 사람도 도와주지 않죠. 대기업 B는 매우 협력적입니다. 서로 도와주려 하고 인정도 해줍니다. 주니어가 오면 하나라도 더 가르쳐주려 하더라고요."

A, B, C 중 어느 쪽이 절대적으로 좋고 나쁘다고 할 수는 없다. 문화별로 장단점이 존재한다. C는 정글 같지만 개인 경쟁력은 강해진다. B는 조직적 힘은 강하지만 개인 경쟁력은 약한 경우가 많다.

스포츠 경기도 어떤 종목인가에 따라 달라진다. 100m 달리기나 복싱 같은 개인 경기와 축구 같은 단체 경기의 생존 방정식이 다른 것처럼 회사 업무가 개인 중심적인지 팀 중심적인지, 아니면 여러 조직이 같이 움직여야 하는지에 따라 경쟁 강도와 문화가 다르다.

업종에 따라서도 문화가 달라진다. 내가 관찰한 바에 의하면 대기업 그룹에 똑같은 대학을 나와 똑같이 신입 사원으로 들어가도 시간이 지나면 완전히 달라진다. 대개(다 그렇다는 것은 아니다) 상사, 유통, SI(시스템 구축) 회사의 임원은 매우 경쟁적이다. 이윤이 적고 승리와 실패가 뚜렷한 환경에서 일해왔기 때문이다. 반면 전통 에너지, 석유화학, 통신 등 변화가 크지 않은 회사의 임원을 보면 상대적으로 배려하고 배포가 크고 인격적이나 경쟁에 약하다. 생존이나 경쟁에 그리 예민하지 않은 환경에서 일했기 때문이다.

많은 직장인이 이러한 '문화의 힘'을 간과하며 이직한다. 그러나 문화의 힘은 의외로 매우 무섭다. 돈이나 복지만 보고 완전히 다른 문화로 움직이다가 낭패를 보는 경우가 많다.

나도 젊은 시절 글로벌사, 벤처, 대기업 등 여러 기업 문화를 경험하면서 이를 절실히 깨달았다. 덕분에 나는 어딜 가든 잘 적응하는 편이다. 어떤 문화든 잘 적응하며 실력을 발휘할 수 있다면 그것도 대단한 경쟁력 중 하나다. 따라서 젊었을 때는 여러 문화를 경험하는 것도 괜찮은 듯하다. 잘 살아남으면 된다.

이러한 특성을 잘 파악해 자신이 원하는 바와 추구하는 가치에 맞는 커리어를 고려할 필요가 있다. 커리어 변화 시 돈과 복지만 보지 말고 문화 또한 반드시 살펴야 한다. 단, 문화란 잡플래닛이나 블라인드의 점수와 크게 상관이 없다. 좋고 나쁨의 문제가 아니라 자신에게 잘 맞는가 아닌가의 문제이기 때문이다.

대기업에서 글로벌사나 스타트업으로 옮길 때 무엇을 고려해야 할까?

어느 사이트에서 대기업에 근무한다는 사람의 글을 보았다. "내 능력에 비해 연봉이 낮은 것 같다. 글로벌사 한국지사에서 직무는 별로지만 연봉은 지금보다 많이 주는 제안이 있다" 댓글을 보니 대부분이 "연봉만 더 주면 무조건 옮겨야지"라고 답한다.

나라면 이렇게 답할 듯하다. "대기업에서 글로벌사나 스타트업 등으로 가는 것은 단순히 연봉만으로 결정할 사항이 아니다. 게임 장소를 완전히 다른 곳으로 옮기는 것과 같다"

예를 들어 대기업이 야구팀이라면, 스타트업은 400미터 계주팀일 수 있고, 글로벌사는 축구팀일 수 있다. 다른 게임을 하게 되는 것이다. (물론 대기업도 큰 변화에 직면할 가능성이 높지만)

대기업처럼 안정되고 정년까지 일할 수 있는 공간이 아니다. 게임의 공간이 완전히 달라진다는 것을 인식해야 한다. 대기업을 나오는 순간 이제 야생에서 프로로 살겠다는 각오가 필요하다. 앞으로 자의든 타의든 회사를 몇 차례 옮겨야 할 가능성이 높다는 것 또한 기억해야 한다. 성장은 빠르게 하겠지만 긴장하며 자신만의 차별성을 확보하지 못하면 도태된다.

본인의 스타일이나 가치가 이런 곳에 적합하다면 추천할 만하다. 그렇지 않고 지금 있는 대기업 환경의 연장선상 정도로 생각하고 연봉만 많이 준다고 움직이면 앞으로 고생할 가능성이 매우 높다. 물론 대기업 내에서도 불만과 어려움이 있겠지만, 대기업을 벗어난 세계는 야생과 같다. 또한, 글로벌사 한국지사는 글로벌 본사와 다르고 대개 영업, 마케팅 중심이라는 점도 염두에 두어야 한다.

대기업에 다시 돌아오는 것은 쉬울까? 물론, 대기업들도 외부 인재를 채용하려 노력한다. 이에 글로벌 기업이나 테크 기업에 있었다는 이유로 젊은 나이에 높은 직위로 영입되기도 하지만 이러려면 전문성과 브랜드가 있어야 한다. 흔한 케이스라 하기는 어렵다.

나도 대기업, 스타트업, 중견사, 글로벌사 등을 거쳐보았지만 각각 게임의 룰이 다른 플레이 공간이라는 것이다.

그러므로 연봉만 보는 것은 위험하다. 한쪽에서 잘한다고 다른 쪽에서 잘한다는 보장이 없다. 역으로 한쪽에서 힘들었지만 다른 쪽에서 훨훨 나는 분들도 있다. 게임의 룰이 어떻게 다른지 살펴보아라. 당신이 그 게임의 룰을 즐겨하고 거기서 경쟁력을 발휘할 수 있는지 보시라. 불안과 불안정을 어느 정도 감당할 수 있을지 보라. 물론, 젊은 시절 돈으로만도 움직여보고 호기심으로도 해보는 등 시도해보면서 시행착오를 거치는 것도 나쁘다고 할 수는 없다. 그때 아니면 언제할 수 있겠는가.

다만 기억하라. "공짜 점심은 없다." "모든 것을 만족시킬 수 없다." 안정, 큰 성장, 큰 돈! 이 세 가지 모두를 만족하는 직장을 나는 본 적이 없다. 항상 대가가 있다.

이직할 때 이런 점을
주의하라

　자발적 이직도 있지만 그렇지 않은 경우도 있다. 회사가 폐업하거나 구조조정을 해 어쩔 수 없이 퇴사해야 하는 상황도 있다. 자발적 이직은 적극적으로 구직을 해서 이루어지기도 하고, 누군가의 영입 제안으로 이루어지기도 한다. 어떤 경우든 이직은 쉬운 일이 아니다. 특히 한 회사에 오래 근무한 후 하는 첫 번째 이직은 더더욱 어렵다.

　앞에서 말한 대로 개인의 성과란 개인의 능력만으로 만들어지는 것이 아니다. 동료와 회사의 시스템이 결합되어 이루어진다. 새로운 환경은 새로운 동료와 시스템이 기다리고 있다. 이것들이 기존보다 더 낫다면 좋겠지만 그렇지 않으면 어려움에 처할 수도 있다.

그럼에도 커리어를 이어가는 가운데 이직이 이루어진다. 이직에 관련해 몇 가지 팁을 이야기한다.

첫째, 이직은 도피가 아니다. 이직에는 적극적인 이유가 필요하다.

일반적으로 이직을 촉발하는 가장 큰 이유 중 하나는 인간관계다. 특히 자신을 힘들게 하고 잘 맞지 않는 상사 때문에 이직을 고려하게 된다. 사실 나도 그랬다. 인간관계, 급여, 문화 등의 부정적 요소가 이직을 촉발하는 주원인이다. 그러나 무언가를 피하기 위해 이직하기보다는 자신을 더 발전하게 하는 이유를 찾는 것이 더 중요하다. 설령 현재의 직장이 인간관계도 좋고 편하더라도 성장을 멈추었거나 쇠락하는 비즈니스 환경이고 연봉이나 책임의 상승 한계가 분명하다면 이직을 고려할 수도 있다.

둘째, 불황기인가 호황기인가에 따라 이직 전략이 달라진다.

가능하면 호황기에 이직해야 한다. 호황기에는 많은 기업이 경쟁적으로 인력을 채용하려 한다. 이는 인력의 몸값이 높아진다는 것을 의미한다. 평소 입사하기 어려웠던 곳도 상대적으로 진입 장벽이 낮아진다. 불황기에는 이직하기 어렵고 설령 이직한다 해도 낮은 연봉을 감수해야 한다. 그러므로 불황기에는 불황에 강한 산업군에 속한 기업에서 견디는 것이 좋다. 당신이 학생이라면 불황기에는 졸업을 늦추고 최대한 기다려라. 그러면서 실력을 차근히 쌓은 후 호황기에 출사표를 던져라.

셋째, 퇴사한 후 직장을 구하지 마라.

최악은 불황기에 퇴사한 후 직장을 구하는 것이다. 이는 위험한 행동이다. 개인의 가치는 현직에서 스카우트받을 때 가장 높고, 두 번째는 현직에서 다른 직장을 구할 때다. 직장이 없는 상태에서 구직하는 것은 자신의 가치를 형편없게 만드는 길이다.

넷째, 자주 이직할 사람처럼 보이지 마라.

어떤 사람은 자주 이직할 것처럼 보이는 경우가 있다. 기업에서도 마치 용병처럼 행동한다. SNS에 회사나 상사, 동료, 일에 대한 불평을 올린다. 자주 이직할 사람을 좋아하는 기업은 없다. 매년 이직하는 사람을 좋아하는 기업 또한 없다. 국내의 경우 직장에서 최소한 3년 이상 근무한 사람을 선호한다. 또 입사한 후에는 가능한 한 영원히 있을 것처럼 보이고 행동해야 한다.

다섯째, 잘 떠나라.

떠나는 모습에서 그 사람의 인격과 태도가 드러난다. 문자나 카톡 하나 남겨놓고 떠나는 직원이 있다. 자신의 일을 마무리하지도 않고 퇴사하거나, 인수인계 없이 떠나기도 한다. 기존 상사나 동료와 원수가 되어 떠나는 직원도 있다. 이 모든 행동은 자신의 평판을 깎아먹는 행동이다. 깔끔하게 떠나고 떠난 후에도 이전 회사에 있는 사람들과 네트워크를 만들어라. 재입사한다고 해도 기존 동료들이 환영할 수 있도록 하라. 특히 한국은 너무 좁은 나라이기에 평판은 금방 드러난다.

여섯째, 너무 걱정하지 마라.

어떤 사람은 말썽을 일으키며 떠나고, 또 어떤 사람은 지나치게 걱정하면서 떠난다. 자신이 떠난 후 업무나 부서가 어떻게 될까 염려되어 떠나지 못하거나 이동 시 간격을 너무 크게 둔다. 그러나 누군가 이직을 선언했을 때 그가 오래 남아 있는 것을 좋아하는 사람들은 별로 없다. 선언한 후부터는 같은 멤버 취급을 받지 못한다. 그러므로 이직을 선언하고 나면 되도록 빨리 마무리하고 떠나는 것이 좋다. 인수인계 후 업무가 제대로 처리되지 못할 것이라는 염려는 접어두어라. 그건 기존에 있는 사람들의 몫이고 다 알아서 한다.

일곱째, 이직 시 최대한 협상하라.

이직할 때는 직급이나 연봉 협상을 어느 정도 할 수 있다. 스카우트되는 경우라면 더더욱 그러하다. 일단 입사한 후에는 협상할 기회가 없어지므로 이직 시 최대한 협상하라. 특히 연봉보다 직위나 직책을 한 단계 높이려 노력하라.

조직 내에서
개인 브랜드를
만들어라

회사에서 한 팀장이 찾아와 조심스레 책을 한 권 내밀었다. 그가 맡은 기술 분야에 대해 자신이 쓴 책이라면서 조심스럽게 말했다. "회사 근무 시간에는 안 썼습니다." 나는 "근무 시간에 쓰면 어때요. 이 책이 많이 읽힐수록 우리 조직이 빛날 텐데요. 축하합니다. 잘했습니다"라고 말했다. 그러자 조심스러웠던 그의 얼굴이 환해졌다. 나는 부서의 모든 직원에게 메일을 보내 그 책을 소개했고 앞으로 그 팀장처럼 책을 출간하길 바란다고 했다. 회사 밖에 나가서 세미나도 하고 자신의 브랜드를 만들라고 했다. 마음껏 유명해지라고도 했다.

내가 우리 부서를 맡기 전에는 직원들이 대내외 활동을 자유롭게 공유하고 오픈하거나, 해외를 방문하는 등의 활동을 꺼렸다. 회사 외부에서 발표를 하거나 책을 낸 사람도 없었다. 일은 하지 않고 자기 이름만 떨치려는 사람으로 오해받을 수 있기 때문이다.

이때 한 임원이 농담 반 진담 반으로 말했다. "책 쓰고 유명해지면 회사를 나갈 텐데요." 나는 이렇게 대답했다. "유명해지고 회사 나갈까 봐 겁나서 책 한 권 못 쓰고 실력도 이름도 없는 직원을 만드는 게 회사에 도움이 될까요? 우리 회사에 이름 있는 사람이 많아지는 게 좋지 않을까요? 설령 몇몇이 회사를 옮길지라도 우리 회사 출신이라고 하면 회사에 더 도움이 되지 않을까요?"

소프트웨어 개발 조직을 산하에 둔 적이 있다. 이들에게도 갇혀 있지 말고 자신이 만든 것을 발표하고 외부 소프트웨어 콘퍼런스도 하라고 했다. 예산을 주고 자신의 이름을 맘껏 걸고 공유하라 했다. 그들이 콘퍼런스를 한다고 공지하니 SNS에서 몇몇 IT 분야 사람들조차 조소를 보냈다. "거기에서 소프트웨어 콘퍼런스를 한다고?" 물론 처음에는 초라했지만, 그다음부터는 1,200명이나 몰려서 바닥에 앉아 참관하는 사람이 있을 정도로 성황을 이루었다.

직원들이 폐쇄적 환경에서 이름 없는 벽돌처럼 회사의 구성 부품으로 일하던 시대는 지났다. 이젠 오픈하고 정보를 공유하며 커뮤니티나 사회에 기여하고 인정받는 직원이 많을수록 회사도 경쟁력이 높아진다. 또 이런 문화가 조성되고 이런 직원이 많아야 우수한 인재가 그 회사에 입사하기를 원한다.

어차피 책도 쓰고 외부 세미나도 참여할 수 있는 직원은 소수다. 대개 그런 직원은 활동을 막으면 시니컬해지고 어긋난다. 오히려 열어주고 기여하도록 하는 게 낫다.

당신이 직원이라면? 한 회사에 평생 있을 게 아니라면, 당연히 실력을 쌓고 최소한 자신의 전문 영역에서는 자기 브랜드를 구축할 필요가 있다. 그것이 소속된 회사와 자기 둘 다 윈-윈하게 하는 길이다. 그리고 그것이 평생직장이 아닌 평생직업을 찾도록 하는 길이다.

여성의 커리어를 위한
어드바이스

　　　　　여성 리더들과의 토크 모임이 있었다. 남성 관점에서 여성 리더에게 조언해달라는 요청을 받고 몇 가지 이야기를 꺼냈다.

　사실 여성으로서 커리어를 쌓는다는 것은 기울어진 운동장에서 플레이하는 것임은 분명하다. 원해도 할 수 없는 부분도 있다. 개개인의 노력보다 사회적 환경의 변화가 더 필요하다. 그럼에도 개인 관점에서 어떻게 해야 할지 어드바이스를 해본다.

　첫째, 여성으로서의 강점을 활용하자.

　과거에는 남자 같은 스타일, 남자보다 더 센 여성이 리더로 적합하다고 여겼다. 그러나 불확실성과 다양성의 시대, 공감,

수평, 포용의 리더십이 중요한 이때 여성의 강점이 점점 더 필요해지고 있다. 그러므로 여성으로서의 강점을 마음껏 발휘하자.

둘째, 자신감을 가지고 표현하자.

부드럽고 공감력이 있다는 것과 자신감이 없다는 것은 다르다. 부드러워도 함부로 대하는 이들에겐 단호하게 대처할 수 있고 매사 자신감에 가득 찰 수 있다. 그러므로 너무 겸손하거나 양보하지 말고 당당하게 행동하자. 대개 당신보다 실력 없는 남성이 훨씬 더 자신감에 충만하다.

셋째, 더 큰 책임, 리더십, 프로젝트에 자원하자.

R&R Role&Responsibility에 얽매이고 주저하기보다 성장하고 기여할 수 있는 프로젝트, 책임을 과감히 취하자.

넷째, 자신에게 책임을 돌리지 말고 폭발하는 감정은 빠르게 회복하자.

평균적으로 여성의 감정 폭은 남성의 그것보다 크다는 연구 결과가 있다. 그래서 자신을 탓하거나 자신에게 책임을 돌릴 위험이 있다. 감정에는 나쁜 것이 없으나 두려움, 실망, 슬픔, 분노 등의 감정을 오래 두거나 너무 강하게 표출하기보다는 운동, 명상, 걷기 등 스트레스 해소법을 만들어 빠르게 회복하자.

다섯째, 완벽주의를 떨쳐버리자.

여성 중 완벽주의자가 상대적으로 많다. 전략적으로 무능하게 행동해도 좋다. 모든 것을 잘하려 할 필요는 없다. 인생을 숙제하듯, 시험 보듯 사는 것에 대해 다시 생각해보자.

여섯째, 괴롭히는 상사, 힘들게 하는 사람은 가엽다고 생각하자.

진짜 소시오패스는 생각만큼 많지 않다. 알고 보면 대개 평범한 사람일 뿐이다. 생존하기 위해 분투하는 것일 수 있으니 긍휼의 눈으로 보자.

마지막으로 누군가의 무엇이 아니라 스스로의 길을 가자.

너무 빨리 자신의 커리어를 포기하지 말자. 이후 후회하는 경우가 더 많다. 다른 이가 아니라 자신의 커리어와 삶을 살자.

리더십도 커리어 포트폴리오에 포함시켜라

어떤 사람은 이렇게 말한다. "리더는 하기 싫어요. 그냥 전문가로 제 커리어를 만들어나가고 싶어요." 리더 역할을 해본 사람이라면 전문가가 되는 쪽을 선택해도 좋다. 그러나 리더 역할을 수행해보지도 않고 단언할 필요는 없다.

리더십은 전문성이나 논리적 사고, 문제 해결 등과는 또 다른 차원의 역량이다. 리더십은 '목표를 달성하기 위해 타인을 움직이는 기술'이다. 이러한 역량은 당연히 쉽게 익힐 수 없다. 그러나 이를 어느 정도 준비해놓으면 더 확장된 기회에 대응할 수 있다.

당신에게 어떤 기회가 올지 모른다. 작은 프로젝트나 팀을 이끌 기회, 또는 C 레벨에 오를 기회를 얻을 수도 있다. 또는 창업해서 회사를 경영할 기회를 얻을 수도 있다. 평소 당신이 '리더십'이라는 역량을 포트폴리오로 가지고 있지 않다면 이러한 기회가 왔을 때 이를 잡기 어렵고, 기회를 활용해 멋진 결과를 창출하기도 어려울 것이다.

전문가도 높은 보수를 받을 수 있다. 그러나 일반적으로 경영자가 되어야 높은 연봉, 주식 등의 혜택을 누릴 수 있다. 경영자에게 가장 중요한 역량이 리더십이다.

그러면 리더는 어떤 역할을 하는 사람인가? 많은 구성원이 리더가 하는 일에 대해 오해한다. 나는 "리더는 2명의 구성원 역할을 하는 것이 아니다. 다른 차원의 일을 하는 것이다"라고 말해주고 싶다. 이는 임원에게도 동일하게 적용할 수 있는 말이다. 임원은 2명의 팀장 역할을 하는 것이 아니다. 리더의 포지션은 다른 차원의 일을 하는 것이다.

그러면 다른 차원의 일을 한다는 것이 무슨 뜻인가? 어떤 일을 한다는 것인가? 나는 다섯 가지로 정의한다.

첫째, 기업의 미션, 비전, 목표에 맞춰서 자신이 책임지는 조직의 목표와 전략을 명확히 설정하고 가시화한다.

둘째, 구성원들의 마음을 하나로 묶고 코칭하고, 임파워하며, 일할 수 있는 환경을 만든다.

셋째, 목표를 달성하여 변화를 이끈다.

넷째, 성과를 커뮤니케이션해 자신을 포함한 구성원의 성과를 인정받게 하고 보상받을 수 있도록 한다.

다섯째, 최종 판단을 내리고 성공과 실패의 책임을 진다.

이 다섯 가지가 거의 모든 것이다. 더 압축해서 말하면 리더는 '조직 구성원의 힘을 결집하고 일할 수 있는 환경을 만들어 주어 성과를 창출하는 일'을 한다. 리더는 마치 오케스트라 지휘자와 같다. 자신이 직접 피아노를 치고 바이올린을 켜는 것이 아니다. 각 구성원이 자신의 역할을 할 뿐 아니라 조화를 이루도록 해서 멋진 연주를 하도록 하는 것이다.

뛰어난 영업 전문가와 영업 팀장, 뛰어난 개발 전문가와 개발 팀장, 뛰어난 인사 전문가와 인사 팀장은 다르다는 것을 기억하라. 자신이 아무리 전문가로서 역량이 있더라도 리더십 역량은 별도로 계발해야 할 영역임을 기억해야 한다.

그러면 어떻게 리더십 역량을 계발할 수 있을까?

첫째, 평소 관심을 가지고 관련된 책을 읽는다. 내가 쓴 책 《거인의 리더십》을 참고하라.

둘째, 조직 내 리더를 잘 관찰하라. 그들이 효과적으로 조직을 이끄는 부분이 있다면 기록하고 활용하라. 그들의 문제점이 보인다면 역시 기록해서 그러한 실수를 하지 않도록 하라.

셋째, 작은 팀이라도 맡을 기회를 찾는다. 회사에서 맡지 못한다면 외부 커뮤니티에서 맡아도 좋다. 가능한 한 자원해보

라. 맡아보면서 실험해보라. 꾸준히 책을 읽고 세미나에도 참석하라. 사실 작은 조직이라도 맡으면서 책을 읽고 세미나에 참석하는 것이 더욱 효과적이다. 더 좋은 것은 개인 코칭을 받는 것이다. 자신의 리더십을 향상시키기 위해 상사나 외부인의 코칭을 받아라. 그리고 이후 더 큰 조직에 도전하라.

리더십은 사실 많은 변수가 있고 명확한 하나의 방법론만 있는 영역이 아니기에 쉽게 생각하고 자기 마음대로 실행하는 경우가 많다. 그래도 대기업에는 여러 상사가 있고, 방법론도 교육도 있기에 기본 틀을 배우지만, 배울 기회가 없는 스타트업 창업자나 스타트업 경영자의 경우 자기만의 잘못된 방식으로 조직을 엉망으로 만드는 경우 또한 적지 않다.

리더십 역량이 뛰어난 사람은 대개 어떤 조직을 맡아도 흥하게 한다. 그러나 부족한 사람은 그 반대다. 물론 안정적이거나 약간의 개선이 필요한 조직에는 리더십 역량에 따른 성과 차이가 잘 드러나지 않는다. 그러나 턴 어라운드가 필요하거나 위기를 겪는 조직에서는 리더십 역량에 따라 성과 차이가 엄청나다. 리더십은 상식의 영역이 아니다. 배우고 훈련받아야 할 영역이며, 그 역량 차이가 엄청나다는 것을 기억해야 한다.

3부

커리어 포트폴리오를
강화하는
역량과 태도

많은 자기계발서는 자신을 알고 진짜 원하는 것을 먼저 정하라고 이야기한다. 그러나 불행히도 내가 누구인지, 무엇을 잘 하고 무엇을 원하는지 알기 어렵다.
방법은 무엇일까?
다양하게 행동해보는 것이다.
고민할 시간에 이것저것 시도하고 다양한 사람을 만나며
자신의 가능성을 찾아가는 것이다.
그러면서 자신이 열정을 발휘하면서도 성과를 올릴 수 있는 맥락과 영역을 찾아나가야 한다.

커리어 포트폴리오를 위한
기반 역량과 태도

1부에서는 커리어가 무엇인지, 이 시대에 어떤 커리어가 필요한지, 커리어 포트폴리오가 왜 중요한지, 커리어를 어떻게 쌓아야 하는지 등 전반 이해에 대해 이야기했다.

2부에서는 커리어 포트폴리오를 기반으로 한 커리어 설계 방법과 커리어 전략에 대해 다뤘다. 커리어 포트폴리오 시대에 필요한 커리어 목적과 가치를 설정하고, 경험 블록, 강점과 역량 블록 등 역할 블록을 기반으로 커리어 조합과 연결을 살펴보았다. 또한 재능을 발견하는 법, 대기업이나 중소기업, 창업에서의 필요 요소, 커리어 선택과 이동 시의 조건 등 실제를 다뤘다.

3부에서는 커리어 포트폴리오를 위해 필요한 역량과 태도에 대해 다뤄보려 한다.

성공적인 커리어를 위해서는 다양한 기반 역량을 포트폴리오로 가지고 있는 것이 좋다. 이러한 역량은 여러분이 어떤 커리어를 선택하든 잘 활용할 수 있는 기반이 된다. 소위 일 잘하는 법이다. 여러분이 어떤 산업에서 어떤 직업을 가지든 이러한 역량은 기본적으로 쌓기를 권한다.

그럼 어떤 기반 역량이 필요할까? 사고하는 법, 일하는 법과 관련해서는 다음과 같은 기반 역량이 필요하다.

결과에서부터 역산해 현재를 계획하는 역량

대략 계산하는 역량

가설을 세우고 실행하는 역량

논리적 사고 역량

문제 해결 역량

요약하는 역량

쉽게 말하고 쓰는 역량

결론부터 말하는 역량

프레젠테이션 역량

우선순위를 세워 일하는 역량

성과를 내고 표현하는 역량

새로운 것을 배우고 학습하는 역량

이외에도 협상 역량, 설득 역량, 세일즈 역량, 리더십 역량 등을 확보한다면 어떤 커리어를 선택하든 기반 커리어 블록으로 큰 역할을 할 것이다. 이러한 역량에 대해서는 이후 장에서 조금 더 자세히 다룰 것이다. 그러나 각 주제에 대해 세부적으로 학습하기 위해서는 별도의 교육과 훈련 과정을 통해 세부적으로 학습하고 실행하길 권한다.

역량과 더불어 태도 또한 중요하다. 태도도 커리어 포트폴리오 시대에 강력한 커리어 블록임을 명심해야 한다. 태도는 역량만큼 쉽게 드러나지 않고 단기적인 성과를 창출하지 않는 듯 보이지만, 시간이 지날수록 가치가 빛난다.

그러면 어떤 태도가 필요할까?

자신감
성실과 열심
작은 일에 최선을 다하는 자세
실패와 포기를 대하는 자세
여유로운 태도
확률적으로 보는 태도

이것들 또한 커리어에 매우 중요한 기반 태도다. 이러한 역량과 태도를 갖춘다면 매우 단단한 빌딩 블록을 갖춘 것이나 마찬가지다. 어떤 새로운 환경에 처하든, 어떤 새로운 커리어에 직면하든 이러한 역량과 태도의 빌딩 블록을 전문성과 결합해 훌륭히 이루어낼 수 있을 것이다.

물론 이러한 역량과 태도는 하루아침에 갖추어지는 것이 아니다. 꾸준히 학습하고 실행하고 피드백받으면서 더 강하게 만들어나가는 것이다.

기반 역량

결과outcome에서
출발하라

한 지인이 일하기 힘들다고 토로했다. 들어보니 매일 열심히 몰두했고 고생도 많이 하는 것 같았다. 나는 그에게 물었다. "그래서 이루고자 하는 결과가 무엇이죠?" 그러자 그는 머뭇거렸다. 매일매일 열심히 하는 것도 좋지만 이루고자 하는 결과 이미지를 분명히 하고 일하면 훨씬 효과적이다.

PR회사 프레인의 여준영 대표의 인터뷰 기사를 읽은 적이 있다. 그분은 다음과 같은 말을 했다. 예를 들어 팝업 스토어를 낸다고 하면 "최고로 일이 잘되었다고 상상하면 뭘까요? 팝업 첫날부터 오픈런이 일어나겠죠. 그럼 거기서 출발하면 돼요. 그 사람들은 왜 줄을 서 있을까, 어디서 그 정보를 봤을까, 어떤 내용이기에 새벽부터 줄 설 생각을 했을까. 그런데 대부분은 그냥 자기 순서대로 일해요. 팝업을 여니까 일단 포스터를 만들어야지, 우리 SNS 계정에 올려야지, 보도자료도 내야지. 그런데 아무도 안 와요. 이런 식의 일이라고 편한 건 아니에요. 오히려 일은 더 많아요. 중간에 '과연 이 일이 결과를 담보하는가'라는 질문만 없을 뿐이에요." 이분의 말도 동일하다. 먼저 최상의 결과를 상상한다. 이후 거기서부터 역으로 무엇을 할지 정의한다.

제프 베이조스의 '거꾸로 일하기working backwards'도 같은 접근법이다. 아마존은 고객의 고통에서부터 시작하며, 해당 서비스의 결과를 미리 정의하고 그것으로 미래의 보도자료를 지금 작성하는 것으로 프로젝트를 이끈다. 연구를 시작할 때 이미 논문의 결론을 대략 써놓는 것과 마찬가지다.

일 잘하는 사람들에게는 비슷한 점이 있다. 눈앞에 닥친 순서대로 일하는 것이 아니라 미래를 명확히 하고 그곳에서 출발해 역으로 현재 무엇이 필요한지 정의하는 것이다.

그러므로 당신이 이루고자 하는 결과가 무엇인가? 도전적이되 구체적인 모습을 그려라. 그리고 그것을 기록하라. 그다음 그 모습을 현실화하려면 어떤 활동이 필요한지, 어떤 인풋이 필요한지 역산해 지금 행동한다.

대략 계산하는 역량

시스템이 잘 구축되어 생산성이 높아질 것이라는 보고를 받았다. "그럼 대략 얼마나 효과가 있을까요?"라고 물었더니 "계산해서 별도로 보고드리겠습니다"라고 한다.

그럴 필요 없이 한번 생각해보자고 했다. "이 시스템을 사용하는 사람은 대략 몇 명이죠?" "이 시스템 사용 전 이 업무를 처리하기 위해 소요되는 시간과 이 시스템 사용 후 처리 시간은 대략 어느 정도죠?" "사용자 인건비는 대략 어느 정도죠?" 그러면 금방 어느 정도 수준인지 나온다.

경영자가 알고 싶은 것은 이를 통해 수천만 원 또는 수억 원대를 절감할 수 있는지 정도지 정확한 숫자는 아니다. 이는 대략의 빠른 계산으로 충분하다.

박사과정을 밟을 때 배운 중요한 교훈이 있다. 이는 이후 일을 하는 데 엄청난 도움을 주었다. 지도교수님이 내게 둥근 기구를 가리키면서 부피가 얼마 정도 될 것 같냐고 물으셨다. 나는 머릿속으로 헤매고 있었다. 부피 계산식에 둥근 기구니 π값도 필요하고, 3.14159…의 숫자로 정확히 계산하려니 계산기가 필요했다.

그런데 교수님은 내가 헤매고 있을때, 즉시 얼마 정도 되겠다고 말씀하셨다. 어떻게 그렇게 빨리 계산하느냐고 묻자 그분은 "반지름이나 높이는 눈대중으로 계산하고, π=3으로 계산하면 되지"라고 말씀하셨다.

나는 그날 매우 큰 교훈을 배웠다. 계산기를 사용하다 보면 기계적으로 답을 내게 되고 그러면 숫자 감각을 잃는 경우가 많았다. 그러나 대략적으로 계산하는 법을 익히면 감을 잡게 된다. 감을 잡으면 어떤 사항을 추정하고 의사 결정하는 데 상당히 큰 도움이 된다. 이는 이후 회사 생활을 할 때 큰 무기가 되었다.

남들은 "계산해보겠습니다"라고 할 때 나는 '대략 이 정도 되겠군' 하는 감을 가지고 즉각 대답하니 상사에게 칭찬받을 수 있었다. 상사가 되어서는 실무진에 보고받을 때 제대로 계산했는지, 아니면 오류가 있는지 큰 틀에서 파악할 수 있었다. 그러면 세부 업무를 잘 모르는 상사나 신참 상사라고 대충 넘어가려던 실무자들이 놀라곤 했다. 그리고 더 이상 나를 무시하지 못했다.

"올해 예상 매출이 대략 얼마나 될까요?" "시장점유율이 얼마나 될까요?" "세미나를 하면 몇 명 정도 올 것 같아요?" "이 사업을 하면 어느 정도 이익이 날 것 같아요?" "이 프로젝트를 하려면 비용이 어느 정도 들까요?" 같은 질문에 대해 훈련되지 않은 임직원은 대개 "세부적으로 계산해봐야겠습니다"라고 답한다. 어쩌다 운이 좋아 외우고 있는 경우에만 답변한다. 그러고는 이후 열심히 계산해 소수점 몇 자리까지 결과를 가져온다. 그러나 어차피 많은 가정이 반영된 계산에 소수점이 무슨 의미일까? 큰 흐름과 감이 더 필요한 것이다.

그러므로 갑자기 경영층의 질문에 대응하거나 구체적인 분석에 들어가기 전 개략적인 감을 잡고 방향을 설정하기 위해서는 이런 연습이 필수다.

한동안 유행했던 구글이나 글로벌 컨설팅 펌의 입사 질문도 대개 이러한 것이었다. "스쿨버스에 골프공이 몇 개 들어갈까?" "샌프란시스코에 피아노가 몇 대 있을까?"

평소에 이런 훈련을 하는 방법은 계산기를 쓰지 않고, 수치는 어림셈으로 하고, 몰라도 간략한 가정을 하면서 대략 머릿속으로나 종이에 쓰면서 간단히 계산하는 것이다. 나중에 물리학자 엔리코 페르미도 이와 같은 생각을 했던 것을 알게 되었다. 이런 연습을 평소에 꾸준히 하면 매우 똑똑한 사람으로 인식될 수 있다.

③

쉽게 쓰고
쉽게 말하기

예전에 함께 근무했던 임원분이 이렇게 말한 적이 있다. "당신은 어려운 분야도 이해하기 쉽고 명쾌하게 이야기한다. 이제 와서 고백하는데 기술 분야는 당신이 이야기할 때만 무슨 말인지 알아들었다."

나도 갑자기 이렇게 된 것이 아니다. 대기업에서 오래 근무하지 않아 보고는 별로 해보지 않았지만, 100여 번 이상 B2B 제안서를 쓰고 발표하며 훈련된 덕분이다. 내가 제안을 발표하면 미리 발주자와 업체 간 사전 협의가 없는 이상 거의 승리했다.

사실 기업 규모가 커질수록 보고를 하거나 보고를 받는 업무가 많아진다. 보고나 제안을 들으며 가장 많이 직면하는 상황은 두 가지다.

1. 장황: 긴 보고서를 가지고 많은 말을 하는데 결국 무슨 말을 하려는지 잘 모르겠다. 그래서 "결론이 뭡니까?" "그래서 어쨌다는 겁니까?"라고 묻게 된다.

2. 부족: 너무 짧거나 추상적이거나 전문용어로 가득 찼다. 듣는 사람의 이해 수준을 고려하지 않고 자신을 기준으로 말한다. 상대가 갑이라면 참고 듣겠지만 그렇지 않다면 "도대체 무슨 말인지 모르겠네요"라고 말하게 된다.

상대가 무슨 말인지 알아듣게만 이야기해도, 또 요점이 무엇인지 명확히 하기만 해도 업무 경쟁력이 높아진다. 대개 직위가 높을수록 상대가 이해하기 쉽게 말한다.

알아듣기 쉽게 말하거나 쓰는 비결은 무엇일까?

1. 요점이 분명해야 한다.

요점이란 한 문장이다. 그런데 그냥 한 문장이 아니라 "나는 … 생각합니다" "나는 … 제안합니다"가 포함된 한 문장이다. 현상을 요약하는 것은 요점이 아니다. 자신의 생각이나 제안을 말하는 게 요점이다. 예를 들어 시장조사 보고라면 "시장을 조사했더니 이런 트렌드가 유행입니다"는 요점이 아니다. 그러면 상사는 당장 이렇게 묻는다. "그래서 당신 생각은?" 이에 대한 답이 요점이다.

신사업 업무 추진 보고를 실컷 해놓고 맨 뒤에 '경영층의 많은 관심과 지원 필요'라고 써놓는 멍청이가 있다. 그런 일반적인 공자님 말씀은 무의미하다. 이런 건 요점이 아니다. 조직을 만들어달라든지, 사람을 몇 명 뽑는 걸 승인해달라든지, 예산을 얼마 달라든지 하는 것이 요점이다.

2. 큰 그림에서 작은 그림으로 내려오되 필요 시 구체적 예시를 넣는다.

항상 큰 프레임을 잡고 중간으로, 이후 작은 그림으로 내려온다. 줄기-가지-잎 순서다. 그래야 상대의 머리가 맑아진다. 지금 하는 이야기가 전체 중 도대체 어떤 부분인지 알 수 없으면 혼란스럽다. 그러면서 추상적으로 흐르지 않게 구체적 예시를 넣어 이해시킨다.

3. 말이나 글이 하나의 논리적 스토리로 연결되어야 한다.

죽 따라가다 보면 자연스럽게 설득되어야 하는데 이를 위해서는 스토리로 연결해야 한다. 이어지지 않고 툭툭 끊어지는 보고나 발표, 제안을 들으면 머리가 복잡해진다.

보고, 제안 등을 한다면 숙달될 때까지는 다음을 연습한다. 숙달되면 자동으로 되니 굳이 할 필요 없다.

한 문장으로 요지를 정리해본다. 그러고 나서 전체 내용을 몇 문장의 스토리로 정리해본다.

- 예 1) 문제는 〇〇이고 원인은 〇〇이며 해결책은 〇〇이고 효과는 〇〇이다. 이에 〇〇을 지원해달라.
- 예 2) 문제는 〇〇인데 이를 해결하는 나의 방법은 〇〇이다. 근거 세 가지는 〇〇이다. 이를 통해 당신은 〇〇와 같은 혜택을 볼 것이다. 그러니 〇〇해달라.
- 예 3) 나는 〇〇한 이유로 이 연구를 했다. 기존에 타인들은 어디까지 결과를 냈는데 나는 이보다 뛰어난 〇〇 결과를 냈다. 그것을 이룬 나의 비결(방법)은 〇〇이다. 이를 통해 〇〇라는 효과를 가져왔다. 향후 과제는 〇〇이다. 그러니 〇〇해달라.

앞서 정리한 것을 말로 해본다. 이때 무미건조하지 않게 상대를 설득한다는 생각으로 말해본다.

❹

프레젠테이션
역량 기르기

나는 최근 몇 년을 제외한 직장 생활 대부분을 이른바 '을' 기업, 그것도 '수주' 산업 가운데에서 보냈기에 경쟁 PT를 수도 없이 했다. 특히 35세 이후 7년간은 1년에 20~30회를 한 적도 있는 듯하다. PT 성공률은? 소위 정해놓고 짜고 치는 PT가 아닌 공정 경쟁 PT에서는 져본 적이 별로 없는 것 같다.

때로는 고객사 실무진이 이미 정해놓은 구도를 팀장이나 임원의 마음을 흔들어서 가져온 경우도 있었다. 나는 실무자보다는 고위층의 마음을 잘 흔들었다. 실무자는 기능, 절차, 운영, 안정성, 기술 등 세세한 것에 집중한다. 그러나 고위층은 기능이 아닌 크고 명확한 그림과 뚜렷한 혜택을 중시하고 대담한 도전자를 좋아한다. 다행히 내게는 그것을 잘 파악하는 능력이 있었다.

경쟁 PT에서 2등은 의미가 없다. 1등 외에는 모두가 패배자가 된다. 그래서 수주 산업은 피가 마르고 스트레스가 많이 쌓이는 업종이다. 여러분이 수주 산업에 종사하지 않는다고 해도 직장인이라면 PT 능력을 계발할 필요가 있다. PT 능력은 고객뿐 아니라 상사, 주위 이해관계자를 설득하는 데도 핵심적인 역할을 하기 때문이다. 그러므로 PT 전문교육과 훈련을 받기를 권한다.

PT, 특히 경쟁 PT를 잘하기 위해서는 다음과 같은 부분이 필요하다.

자신이 말하고 싶은 게 아니라 참석자 또는 평가자, 특히 의사 결정자가 원하는 것과 허들을 파악해 이에 대한 해결책을 제시해야 한다. 참석자 또는 평가자의 관심과 이해관계를 파악하라.

참석자 또는 평가자가 실무자일 경우와 경영층일 경우에는 PT 방향을 완전히 달리 설정해야 한다. 전자는 기능, 운영, 절차에, 후자는 큰 그림과 혜택에 관심이 있다. 이를 반대로 하면 망한다.

또, 그 회사만을 위한 제안이라고 생각하도록 해야 한다. 어디에나 통용될 수 있는 일반적인 제안은 시간과 노력 낭비일 뿐이다.

강한 확신과 진실성을 보여야 한다. '우리가 아니면 당신은 큰일 난다' 정도의 확신과 배포가 필요하다. 뚜렷하게 기억되는 임팩트도 있어야 한다. 뭔가 그 회사만을 위한 메시지가 남아야 한다.

말도 안 되는 질문을 받았을 때도 싸우거나 당황해선 안 된다. 나도 이상한 질문을 하는 심사위원의 무지를 드러내준 탓에 크게 복수당한 경험이 있다.

그러나 PT는 지금까지 진행한 영업 활동의 총 결과다. PT만 잘한다고 되는 것은 아니다. PT는 영업 차이가 크지 않을 때, 공정 경쟁일 때 힘을 발휘한다.

5

결론부터 말하기

예전 한 대기업에서 컨설팅을 할 때였다. 그 회사 CEO가 주관하는 미팅에 몇 개월간 매주 참석한 적이 있었다. 그분에게는 한 가지 매우 예민한 부분이 있었는데, 질문에 대해 중언부언하는 것을 매우 싫어했다. 물으면 핵심을 답해야 했다. 그러지 않으면 중간에 말을 자르고 짜증을 냈다. 그 때문에 참석자들은 항상 초긴장 상태였지만, 이런 환경에서 훈련되면 실력은 상당히 향상되겠구나 하는 생각이 들었다. 아니나 다를까, 그 CEO는 임직원에게 사랑받는 것 같지 않았지만 그 회사 출신은 어딜 가도 일을 잘한다는 이야기를 듣는다.

사실 그 CEO는 직설적으로 표현했지만 거의 모든 CEO는 속으로 참고 있는 것뿐이지 비슷한 생각을 가지고 있다. 그러므로 일터에서 '묻는 질문에 간략히 핵심만 대답하기'만 잘해도 능력 있어 보인다.

쉽다고 생각할 수 있지만 이렇게 답하는 사람은 10%도 되지 않는다. 나도 글로벌 회사, 유명 대기업에 다녀보았지만 그러하다. 예를 들어 "그 방안의 장점과 단점을 말해주세요"라고 말한다면 "그 방안의 장점은 ~이고, 단점은 ~입니다"라고 답하면 된다. 그런데 이렇게 답하는 사람은 의외로 많지 않다. "그 방안은 어떻고요, 그 방안은 어떻게 만들어졌고요…"라며 질문과 관계없는 주변 요소에 대해 자꾸 말한다.

"그 방안의 차별점은 뭔가요?"라고 물으면 "차별점은 세 가지입니다. 첫째…, 둘째…, 셋째…" 하는 식으로 답하면 좋으련만 이렇게 답하는 사람은 정말 적다.

정리하자면 질문에 대해서는 '결론만 짧고 명확히 먼저 말한다.' 그리고 시간이 남거나 상대가 이유를 요청하면 근거가 되는 이유 세 가지를 첫째, 둘째, 셋째 식으로 말한다. 이렇게만 해도 좋은 인상을 줄 수 있을 것이다.

그러나 생각 외로 쉽지 않다. 이렇게 하려면 항상 생각을 요약하고 구조화해야 한다. 부단히 훈련하지 않으면 매우 어렵다. 까다롭고 성질 급한 상사를 만나면 오히려 감사하라. 이를 훈련할 수 있는 좋은 기회이기 때문이다. 물론 공식 업무가 아닌 자리에서까지 이렇게 이야기하라는 것은 아니다.

6

쉬운 것부터 하라

"어떻게 직장 생활을 하면서 꾸준히 자신의 노하우를 소셜미디어와 블로그에 공유하고 책까지 내실 수 있나요? 어떻게 하면 잘할 수 있나요?"라는 질문을 종종 받는다.

나는 "'잘'하려 하지 마시고 '그냥' 짧고 가볍게 시작하면 됩니다"라고 답했다. 나도 본격적으로 글을 쓰기 전에는 일주일에 한두 차례 두세 줄 정도의 독서 후기를 소셜미디어에 기록하는 것부터 시작했다.

어떤 직장인이 이렇게 물었다. "성과를 적극적으로 어필하는 것이 중요하다고 말씀하셨는데 잘 어필하는 방법이 무엇인가요?" 나는 "'잘' 어필하려 하지 마시고 '그냥' 자신이 일하면서 변화시킨 결과를 이야기하시죠"라고 답했다.

왜 나를 포함해 많은 사람이 무언가 시작도 제대로 하지 못하거나 시작을 해도 몇 번 하다 포기할까? 관찰해보니 가장 큰 이유 중 하나는 바로 '잘하려' 해서임을 깨달았다. '잘'이 우리 행동을 방해한다.

우린 어려서부터 항상 경쟁하고 평가받는 데 익숙하고 남의 시선에 비교당하는 것에 익숙했다. 그러다 보니 뭘 해도 '잘'할 것 같지 않으면 남들에게 창피당할 것 같고 꺼려진다. 질문을 잘하지 못할 바에야 아예 안 한다. 어필을 잘하지 못할 바에야 아예 안 한다. 멋지게 쓰지 못할 바에야 아예 안 쓴다.

어느 책에서 이런 문장을 보았다. '작은 행동이 의욕 스위치를 켠다. 지금 당장 하나만 해라 Do one thing right now.'

'작은 행동'이란 무엇일까? 그 책은 이렇게 말한다. 쉽고 easy, 재미있고 fun, 즉각적이고 immediate, 싸고 cheap, 실제적인 real 한 가지 행동 one thing이라고. 어렵고 힘들고 비싼 행동은 하기도 어려운 데다 지속하기는 더더욱 어렵다. 가장 쉽고 값싸게 실제적이며 즐겁게 즉시 할 수 있는 행동 한 가지부터 하라는 것이다.

책을 읽기로 결심했다면 어떻게 하면 좋을까? 두껍고 어려운 벽돌 책을 깨부술 생각보다는 여러 글을 독립적으로 묶은 책을 골라 목차 중 가장 흥미로운 것 하나씩만 읽는 정도로 시작한다. 또는 완벽하게 정독하기보다는 대충 빠르게 일독을 한다. 이후 필요하면 다시 읽으면 된다. 글을 쓰기로 했다면 어떻게 하면 좋을까? 그냥 일주일에 한두 번 마음에 드는 글이나 일상에서 느낀 점을 한두 문장으로 요약해 소셜미디어나 블로그에 올리는 것부터 시작할 수 있다. 어차피 정성 들여 써봤자 처음에는 아무도 관심을 두지 않는다. 오히려 정성 들여 두세 번 쓰고 나면 스스로 지쳐서 제풀에 포기하게 된다.

운동을 하고 싶다면? 해보면 재미있을 것 같은 것부터 시작한다. 남들이 좋다는 운동을 처음부터 잘해보려면 아무것도 하지 못한다. 얼마 전 나의 헬스 PT 코치가 말하길 오래가지 못하는 사람들의 특징이 있다고 한다. 처음부터 너무 열심히 잘해보려고 무리하는 것이라고 한다.

댄스가 재미있을 것 같으면 댄스부터, 수영이 재미있을 것 같으면 수영부터 가볍게 시작한다. 하루 이틀 2~3시간 열심히 운동하면 3일째 몸이 욱신거려 포기하게 된다. 프로 선수라면 다를 수 있다. 그러나 그게 아니라면 일단 쉽고, 재미있고, 즉각적이고, 싸고, 실제적인 한 가지에서 출발한다. 그것을 이룬 다음에는? 성공을 자축한다. 그러면서 조금씩 강도와 횟수를 늘려가면서 실력을 증가시킨다.

우선순위를 가지고
일하라

한 청년이 찾아왔다. 직장 생활 후 박사 과정을 밟는 매우 똑똑하고 훌륭한 그가 고민을 털어놓았다.

"저는 인내력이 부족합니다. 논문도 조금 쓰다가 말고 운동도 조금 하다가 맙니다. 경제 신문도 매일 읽어야 하는데 그것도 지속하지 못하고요. 독서와 글쓰기도 꾸준히 하지 못합니다. 친구들은 스타트업에서 잘나가는데 창업을 준비해야 할 것 같고요. 학위 후 진로도 알아봐야 할 것 같은데 잠깐 신경 쓰다가 맙니다. 큰일입니다. 어떻게 인내력을 키울 수 있을까요?"

잘 들어보니 그는 인내심이 부족한 게 아니었다. 대개가 그 정도의 인내심만 있다. 그러므로 그가 특히 인내심이 부족하다고 하기 어려웠다.

"여러 일에 끈기를 갖고 추진하는 것은 독하거나 습관화된 사람 외에는 어려워요. 저는 그게 문제인 듯 보이지는 않네요"라고 했더니 "제 인내심이 큰 문제가 아니라고요?"라며 놀라서 답했다.

"혹시 귀가 얇나요?"라고 물었더니 "어떻게 그걸 아세요"라고 답했다.

"제가 보니 인내심이 부족한 게 아니라 해야겠다고 생각하는 일이 너무 많네요. 누군가 경제 신문을 보라고 하니 경제 신문도 봐야 하고, 누군가 매일 써야 실력이 는다고 하니 써야 할 것도 같고, 독서도 해야 할 것 같고, 운동도 해야 할 것 같고, 직장도 알아봐야 할 것 같고, 스타트업으로 성공하는 친구들을 보니 그것도 준비해야 할 것 같고…. 그러다 보니 이걸 하다가도 불안해서 저걸 잠깐 하고, 저것만 하다 보니 또 불안해서 또 다른 걸 하는 듯하네요"라고 했더니 그제야 자신의 문제가 무엇인지 이해하게 된 것 같았다.

"단순화하세요. 가장 중요한 한 가지 또는 아무리 많아도 3개만 딱 고르세요. 일단 그것만 하세요. 나머지는 그거 한 후에 해도 안 늦으니 걱정 마세요." 그는 답을 찾고 돌아갔다.

얼마 전 한 유망한 벤처에 입사한 인사 전문가를 만났다. 매우 빠르게 성장한 그 벤처 기업에는 200명 가까운 임직원이 있다. 그에게 어떤 변화가 가장 효과가 있었는지 물었다. 그는 이렇게 말했다. "입사해보니 OKR Objective and Key Results이라는 도구를 활용해 목표 설정을 하더군요. 매우 좋은 도구이기는 합니다. 그런데 전 직원이 10개 이상씩 목표를 설정해서 진행하더라고요. 목표가 너무 많으니 진짜 중요한 게 무엇인지 알지 못하더라고요. 그래서 대표이사에게 정말 중요한 것 1~2개만 설정하고 그게 잘되면 다른 것으로 넘어가자고 했습니다. 그게 효과적이었습니다."

철강 재벌 데일 카네기는 프레더릭 테일러라는 컨설턴트를 소개받고 미심쩍은 표정으로 말했다. "내가 들을 만한 이야기를 한다면 당장 1만 달러를 주겠네." 테일러는 이렇게 답했다. "당신이 할 수 있는 가장 중요한 10가지 일을 리스트업하고 1번부터 하나씩 하세요."

이에 카네기는 그 자리에서 1만 달러를 지불했다. 집중력과 끈기가 부족한 경우도 있겠지만 너무 펼쳐놓고 다 해야 한다는 압박감으로 아무것도 제대로 하지 못하는 경우가 많다. 우선순위로 정한 것을 먼저 완료하라. 그리고 하나씩 습관화하면서 새로운 것을 펼쳐나가라. 진짜 문제를 찾아야 진짜 답이 생겨난다.

성과 정의와 표현

성과란 무엇인가?

"어떻게 하면 성과를 어필할 수 있나요?"라는 질문을 종종 받는다. 그런데 "어떻게?"에 앞서 의외로 많은 직장인이 "성과란 무엇인가?"조차 분명히 알지 못한다.

나는 경영자로만 20년 이상 근무하고 있는데, 의외로 많은 직원이 '성과'와 'doing'의 차이를 구별하지 못하는 것을 알고 놀랐다. 즉 무언가 한 것 doing을 성과라고 생각한다. 그러나 A 회사에 다닌 것, A 업무를 한 것, A 프로젝트를 한 것은 성과가 아니다. 열심히 일한 것도 성과가 아니다. 고생한 것도 성과가 아니다. 최선을 다한 것도 성과가 아니다. 깨알같이 많은 태스크를 수행한 것도 성과가 아니다. 그런데 이게 성과라고 하는 사람이 너무 많다. 평가 시즌에 보면 한 일만 잔뜩 나열하고는 좋은 평가를 기대하는 사람이 대부분이다.

예전에 경력 사원으로 이직을 시도한 후배가 고민을 토로했다. "다른 회사에 몇 번 지원했는데 서류 심사에서 자꾸 떨어집니다." 일도 잘하고 괜찮은 사람이었기에 이력서를 보내보라고 했다. 나는 취업 컨설팅 전문가가 아니지만 이력서를 보니 문제가 보였다.

이것저것 일한 것을 잔뜩 나열하기는 했는데 그 일에서 어떤 역할을 했는지, 어떤 구체적인 성과를 냈는지, 그래서 자신에게 어떤 능력이 있고 무엇을 맡기면 뛰어나게 해낼 수 있는지가 불명확했다.

일을 함으로써 실제 무엇을 이루었는지, 무엇을 변화시켰는지가 '성과'다. 그리고 측정 가능한 숫자로 표현하는 것이 좋다.

구글의 전 인사 책임자는 이력서를 작성할 때 다음과 같이 쓰라고 권고했다.

Accomplished [X] as measured by [Y] by doing [Z]

예를 들어 '22년 1~3월 A 프로젝트 수행'이 아니라 '22년 1~3월 A라는 프로젝트의 PM 역할을 하며 B라는 방법론을 적용해 기존보다 20%, 즉 20억 원의 구매 비용 절감을 이루었다'라는 식이다.

그 후배에게 이런 식으로 이력서를 수정해보라고 했더니 다행히도 합격했다. 물론 과정이 중요하지 않다는 것은 아니다. 최선도 중요하고 열심도 중요하다. 과정이 탄탄해야 결과도 좋을 가능성이 높다. 그럼에도 자신의 성과를 드러낸다는 것은 "그래서 뭐so what?"라는 질문에 답하는 것이다. 그래서 도대체 비포before를 어떤 애프터after로 만든 것인가? 회사의 목표에 어떤 기여를 했는가? 이 대답이 명확히 드러나지 않으면 많은 이야기가 그저 공자님 말씀 정도로 들릴 위험이 있음을 명심해야 한다.

9

성과 커뮤니케이션

직장인을 만나면 이런 상담을 해오는 경우가 많다. "정말 묵묵히, 열심히 일했습니다. 제가 굳이 말하지 않아도 이러한 노력과 성과를 회사와 리더가 알아주실 것이라 믿었습니다. 그런데 결과는 아니었습니다. 배신감을 느낍니다."

이런 사람들은 실제로 성실하고 묵묵히 그리고 열심히 일한다. 단지, 평가에 대해 관심 없는 듯 행동하고, 보여주기showing 하는 사람을 매우 싫어한다. 기본적으로 잘 표현하지 않고, 어쩌다 해도 참고 참다가 표현하니 방식도 매우 서툴거나 감정적으로 하게 된다. 이공계 출신 중 이런 사람이 많다.

열심히 일하는데 제대로 평가받지 못하는 이유는 대개 두 가지다.

- **성과와 관련 없는 열심**
- **성과에 대한 커뮤니케이션의 미흡**

두 번째 이슈일 경우 나는 이런 이야기를 해준다.

"연인 사이를 생각해봅시다. 상대가 아무 표현도 하지 않는데도 여러분은 상대의 필요, 원하는 것, 마음을 알아챌 수 있나요? 표현하지 않으면 잘 모릅니다. 물론 마음이 없는데 표현만 열심히 하면 사기꾼일 가능성이 높겠죠. 그러나 마음이 있다 해도 말이나 행동으로 표현하지 않으면 오해하고 헤어질 수도 있습니다. 항상 붙어 다니던 연인 사이에도 이런데 팀원이 여러 명인 리더와의 사이에서는 어떨까요."

나도 직장 생활을 하던 시절 똑같이 생각했다. 말하지 않아도 잘하면 위에서 알아서 해외 연수도 보내주고 연봉도 많이 줄 것으로 기대했다. 그러나 실제로는 그렇지 않았다. 내가 뛰어난 편이었는데도 그랬다.

이후 생각을 바꾸어 제안하고 표현하기로 했다. 이런저런 교육을 받고 싶다고 논리적으로 이야기하니 "그런 교육에 참석하고 싶어 하는 걸 몰랐네. 다녀와"라는 이야기를 들었다. 직접 대면할 기회가 주어지지 않을 때는 내가 한 일이나 좋은 아이디어에 대해 간단하게 메일로라도 정리해서 보고했다.

직장 생활을 하면서 깨달은 것은 이렇다.

상사나 동료는 내가 말하지 않는 것은 모르는 경우가 많다. 상사는 표현하지 않으면 내가 매우 만족하고 있다고 생각한다. 또, (소시오패스가 아닌 이상) 상사는 내가 진심을 담아 겸손하고 논리적으로 말하면 상당 부분 들어주려 한다.

물론 너무 자주 요청하거나 내용이 없는데 부풀려 말하거나 감정적으로 대응하는 것은 오히려 마이너스다. 비공식적 보고는 자주 하되 혼자서 다 한 것처럼 포장하지는 마라. 요청은 가끔 한다. '우는 아이에게 떡을 주지만 너무 자주 울면 매 맞는다'는 것을 기억하라. 그러나 자신의 활동과 성과를 시의적절하게 표현할 필요가 있다. 자신이 좋은 평가를 받지 못한다면 상사에게 정중하게 구체적인 피드백을 요청해 개선할 필요도 있다.

혼자 고민하고 끙끙 앓다가 상사와 회사를 원망하며 퇴사하는 것은 합리적인 행동이 아니다. '열심히'도 좋지만 '커뮤니케이션'도 중요하다. 알아줄 것을 기대하기보다는 알려라. 물론 당신이 너무 뛰어나면 말하지 않아도 알려질 것이다. 그러나 "마케팅은 필요 없습니다. 제품만 좋으면 됩니다"라는 말은 스티브 잡스나 일론 머스크 같은 사람이나 할 수 있는 말이지 우리 같은 범인凡人이 할 수 있는 말은 아니다. 맥락context이 다르다. 우리는 그런 뛰어난 사람들이 아니기에 커뮤니케이션 훈련이 필요하다.

워런 버핏도 이런 말을 했다. "인생에서 제가 한 가장 훌륭한 자기 투자는 말과 글로 자신을 표현하는 커뮤니케이션 스킬을 익힌 것이었습니다." 나는 말은 쑥스러워 주로 글로 표현했다. 글이든 말이든 스킬을 기르면 평생의 자산이 될 것이다.

학습과 실행

인풋에서 아웃풋으로

책과 신문을 많이 읽고 독서 클럽도 다니고 세미나에도 적극 참여하는 사람을 만났다. 여러 뉴스레터도 구독해서 읽고 세바시나 TED도 열심히 봐서 아는 것이 많았다. 그런데 그것으로 자신의 콘텐츠를 만들거나 업무력을 향상시키거나 자신의 전문성을 높이거나 수익화하지 못하고 있었다. 그저 끝없이 인풋만 하고 있었다.

물론 배우지 않는 사람도 많다. 즉 인풋이 절대적으로 적은 사람이다. 책을 읽지도 온라인이나 오프라인으로 배우지도 않는다. 과거에 배웠던 지식이나 소프트 스킬로 곰국 우려먹듯 일을 하는 사람도 많다.

반면 지나치게 인풋만 하는 사람도 있다. 책도 많이 읽고 유명인을 따라다니며 강의도 듣고 세미나에도 참석한다. 배우는 데 끝없이 돈과 시간을 쓴다. 그런데 거기서 그친다. 즉 아웃풋에 시간을 쓰지 않는다.

건강한 신진대사란 인풋과 아웃풋의 균형에서 비롯된다. 너무 안 먹어도 건강하지 않지만 너무 먹기만 해도 건강에 좋지 않다. 나는 이런 사람들에게 말한다. "배우다가 인생 다 보낼 겁니까? 그만 배우고 이제 아웃풋을 만드세요." 성과나 성공의 차이는 인풋에 달린 것이 아니라 아웃풋이 어떠한가에 달려 있다.

물론 배우는 자체에 즐거움을 느끼는 경우도 있다. 어떤 사람은 "내게는 돈이 중요하지 않아. 돈 벌려고 배우는 게 아냐. 지적 만족으로 충분해"라고 한다. 본인의 철학이 그렇다면 괜찮다. 취미로 그저 과정의 즐거움만 즐기려 한다면 그것도 괜찮다.

그러나 그것이 아니라면 배움에도 목적이 필요하고 목적을 이루려면 아웃풋이 필수다. 근육도 써야 훈련되듯 아웃풋도 자꾸 내야 훈련이 된다. 글도 발표도 자꾸 할수록 생각이 정리되고 훨씬 잘하게 된다.

그럼 어떤 아웃풋부터 시작할까?

1. 가장 쉬운 것은 주기적으로 글을 쓰는 것이다. 처음에는 자신이 배우고 경험한 바를 간략히 정리해 블로그나 SNS에 처음부터 제대로, 길게 쓰려면 무조건 실패한다.

2. 인풋을 자신의 업무나 사업에 적용해 효과를 올린다. 그리고 그 결과를 다시 글이든 영상이든 기록해 타인에게 도움을 준다. 이제 점점 자기의 언어와 자신의 생각으로 정리한다.

3. 앞 두 가지가 쌓이면 수익 창출이나 브랜드로 연결한다. 물론 이 활동은 회사의 허용 범위에서 수행해야 한다. 유튜브를 하든 세미나를 하든 책을 쓰든 뉴스레터를 만들든 수익과 연결하거나 자신 혹은 회사의 브랜드를 강화한다. 물론 회사의 규정 아래에 있는 직장인 대부분은 **1. 2.**로도 충분하다. 그러나 자신이 사업가라면 이는 필수적이다.

어떤 사람은 "전문가가 얼마나 많은데 저의 알량한 지식과 경험으로 수익 창출까지 목표로 하나요?"라고 묻는다. 흥미롭게도 어느 영역이든 시장은 초보 대상 시장이 제일 크다. 여기서는 최고의 경영자, 최고의 마케터, 최고의 자기계발 강사, 최고의 재테크 전문가가 인기를 얻는 게 아니다. 그저 약간 잘하는 사람들이 먼저 뛰어들고 쉽고 재미있게 가르치며 마케팅을 잘하면 흥한다. 그러면서 인정받게 된다. 유명 강사, 작가, 인플루언서를 관찰해보라. 이 말이 맞음을 확인할 수 있을 것이다.

또 아웃풋은 부족한 인풋을 필요로 해 인풋-아웃풋 간에 상호 선순환을 이룬다. 그러므로 아웃풋을 내자. 이를 통해 자신의 실력도 향상되고 다른 사람들에게도 도움도 주며 수익도 창출된다면 일석삼조가 아니겠는가. 당장 오늘부터 시작하자.

시간 단축의 비경제

베스트셀러 도서와 유튜브 채널 목록에는 '부자 되는 법' '성공하는 법'으로 가득 차 있다. 수십만 명이 읽고 수백만 명이 시청하는데 왜 정작 부자가 되고 성공하는 사람은 많지 않을까. 물론 방법론이 재현할 수 없는 것이거나 운의 요소를 배제한 탓도 있지만 가장 중요한 이유는 '시간'이라는 요소가 빠졌기 때문이다.

골프를 배울 때였다. 책을 좋아하는 나는 골프 책을 읽었다. 골프 잘하는 방법이 아주 잘 나와 있었다. 원리도 복잡하지 않았다. 그러나 웬걸, 연습장에 가니 되는 게 하나도 없었다. 방법론이 틀려서일까. 아니다. 그 방법론을 체화하기까지 많은 시간이 필요하기 때문이다.

그러면 한꺼번에 많은 시간을 투자하면 될까. 학창 시절, 체육 시간에 턱걸이 시험을 봐야 했다. 한 달 정도 기간이 남아 친구와 준비했는데, 하루에 10분씩 한 달 동안 꾸준히 연습하자 한 번에 10개 이상 할 수 있게 됐다. 들인 시간은 200분이었다. 그러나 만일 우리가 하루에 10분씩이 아니라 200분을 몰아서 연습하고 한 달 후 시험을 봤다면 어떤 결과가 나왔을까. 당연히 1개도 못했을 것이다.

인시아드INSEAD 경영대학원의 잉게마르 다이어릭 교수와 캐럴 쿨 교수는 '시간 단축의 비경제'라는 표현을 썼다. 단기적으로 집중해 노력하는 것은 동일한 노력을 장기적으로 기울인 것만큼 효율을 내지 못한다는 의미다.

다시 말하면 같은 시간을 쓴다고 해도 시간을 단축하기 위해 단기적으로 몰아서 노력하는 것이 그리 경제적이지 않다는 것이다. 조금씩이라도 꾸준히 분산하는 것이 훨씬 효과적이라는 의미다.

이 유튜브 보고 조금 한 후 그만두고, 저 책 보고 조금 하고 그만두는 식으로 해서는 내성만 키운다. 마음먹고 하루 이틀 열심히 한다고 효과가 있는 것은 아니라는 말이다. 어느 영역이든 성공하는 데는 시간이 필요하다. 법칙을 안다고, 단기적으로 한꺼번에 시간을 쏟는다고 쉽게 성공하는 것은 아니다. 건강을 유지하는 것도, 재테크도, 사회에서 성공하는 것도 마찬가지다.

얼마 전 성공한 창업자가 쓴 책을 읽었다. 결론적인 성공 비결은 단순해 보였다. '시장의 움직임을 발 빠르게 포착하고 고객 중심적인 사업을 하며 필요한 인재를 활용하는 것'이었다. 그는 10년이 넘는 동안 여러 굴곡을 겪었다. 망할 지경까지 갔다가 다시 출발하기도 했다. 경영자를 잘못 채용했다가 곤란을 겪기도 했다. 결과론적으로 해석하면 단순해 보이지만 긴 시간 매일매일 고민과 실행의 과정을 거쳐 성공을 이뤄낸 것이다. 그저 결론만 보고 단기간 시간을 투입한다고 그 창업자의 성공을 복제할 수 있는 게 아니다.

빠르게 부자가 되고 성공하려면 사기꾼을 만나기 쉽다. 유명 연예인과 의사가 연루된 주가조작단으로 시끄러웠던 적이 있다. 이 또한 빠르게 큰 수익을 얻고 싶은 사람들의 심리를 악용한 것이다.

너무 조급해하지 말고 꾸준히 조금씩 검증된 방법론을 실행하며 축적해나가자. 시간은 충분하다. 시간이 지나면 발산으로 보답받을 것이다.

힘을 빼려면 힘주는 시간이 필요하다

무언가 배울 때 힘을 빼라는 말을 많이 듣는다. "왜 이렇게 어깨에 힘을 주세요? 온몸에 힘이 들어가 있어요." 과거 골프 코치에게서 제일 많이 들은 말이다. 나름 힘을 뺐다고 생각했는데도 여전히 긴장하고 있었다. 반대로 힘을 빼니 몸이 덜렁거리고 잘 맞지도 않았다.

프로를 보면 몸에 힘을 하나도 안 주는 것처럼 보이는데 쳤다 하면 공이 팡팡 날아간다. 도대체 어떻게 하면 힘을 뺄 수 있을까?

예전에 배영을 연습할 때였다. 이상하게 아무리 발을 차고 손을 휘둘러도 제자리에서 잘 나아가지 않았다. 힘을 빼니 가라앉았다. 몇 차례 그런 과정을 겪고는 포기하려다가 어찌 되었든 계속하다 보니 어느 날인가부터 앞으로 나아가는 게 아닌가! 그다음부터는 자연스럽게 잘되었다.

댄스도 마찬가지다. 힘 빼고 즐기라는 이야기를 듣지만 잘 안 된다. 처음에는 순서나 동작에 신경 쓸 수밖에 없기 때문이다. 그러다 순서나 동작을 완전히 숙지하면 그다음에는 여유가 생긴다.

여기서 깨달은 교훈은 힘을 빼는 것은 처음부터 되는 게 아니라는 사실이다. '힘을 주는 과정을 거친 사람이 힘을 뺄 수 있는 것이지 초보자가 갑자기 힘을 뺄 수는 없다'는 것이다. 경지에 오른 사람이 결과적으로 보면 힘을 빼는 것이지만 그 경지에 오르기까지는 힘주고 노력한 시간이 많았던 것이다. '지나고 보니 왜 그때 그렇게 힘주고 했을까?'라고 생각할 수도 있지만 힘을 준 기간을 거쳤기에 힘을 뺄 수 있게 된 것이다.

결국 힘을 빼는 것은 힘주고 노력한 이후에 얻을 수 있는 결실이다. '빼기'란 뭔가 여분이 있는 사람에게 가능한 것이다. 아무것도 없는데 빼기를 하면 마이너스밖에 안 된다. 무언가를 가져야 뺄 게 있다. 열심히 한 사람이나 힘든 시간을 거친 사람은 힘을 뺄 기회를 얻는다. 고통이 있는 사람이 고통을 뺄 기회를 얻는다. 노력과 분투가 있는 사람이 그것을 뺄 기회를 얻는다.

가끔 후배들이 내게 이런 말을 한다. "어떻게 일도 하고 영화나 드라마도 챙겨 보고, 책도 많이 읽고 글도 쓰세요? 그 여유가 어떻게 나오나요?" 생각해보니 나도 30~40대에는 그러지 못했다. 일 외에는 아무것도 못하고, 주말에도 일하고, 시간이 나면 가르치거나 배우는 등 정신없는 시간이 있었다. 그 기간을 거치면서 많은 것이 쌓이고 축적되었기에 이제 뺄 줄 알게 된 것이다.

그러므로 열심히 살고 노력하고 힘주는 과정을 거친 후에야 힘 빼는 여유를 얻을 수 있다. 아무 노력도 하지 않고 힘줘본 경험도 없으면서 힘 빼기를 기대하긴 어렵다.

결론은 이렇다.

1. 일이든 경영이든 운동이든 공부든 자기계발이든 초보자라면 힘 빼기를 연습할 게 아니라 무조건 열심히 연습한다.

2. 코치 등에게 피드백받으며 다시 열심히 하고 시행착오를 거친다. 그리고 반복해서 숙련한다.

3. 숙련이 되면 힘 빼기를 의식한다. 이러다 보면 어느 순간 힘 빼기를 경험할 수 있다. 이후 힘줄 곳과 뺄 곳을 조절한다.

조금 더 어려운 과제에
도전하라

어떤 단체에서 대기업 퇴사자들을 대상으로 실시한 "왜 회사를 떠났는가?"라는 설문의 결과를 보았다. 흥미롭게도 가장 많이 나온 이유가 '비전이 없어서'였다.

놀랍게도 여기서 비전은 회사의 비전이 아니었다. 개인의 비전이었다. 회사는 안정되고 매출도 이익도 성장할지라도, 자신이 성장하고 더 큰 기회를 가질 가능성이 낮다고 생각하면 비전이 없는 것이다.

이는 기성세대의 관점과 매우 다르다. 기성세대들은 '회사의 성장 = 자신의 성장'으로 여겼다. 물론, 회사가 성장하지 않으면 개인의 성장이 쉽지 않다. 그러나 회사의 성장이 반드시 자신의 성장이 아니라는 관점은 매우 합리적이다.

그러면 성장은 어떻게 이루어질까? 여러 요소가 있지만 성장은 '더 어려운 과제'를 해결해나감으로써 이루어진다. 쉬운 일을 반복해서는 성장이 이루어지지 않는다. 물론, 포기할 정도의 너무 어려운 과제도 적합하지 않다.

약간 불안하고 스트레스가 있지만 해볼 수 있을 정도의 난이도를 가진 과제들을 하나씩 해나갈 때 성장하게 된다. 성장의 경로는 다음의 세 가지이다.

- **종縱: 자신의 분야의 더 전문적인 기술이나 난이도 있고 심도 깊은 업무로 성장함.**
- **횡橫: 더 넓은 범위로 일을 확대하거나 조직을 맡는 등 더 큰 책임으로 성장함.**
- **교차交叉(크로스): 새로운 영역을 도전하여 성장함. 이후 기존 영역과 연결함.**

사실 성장 기회는 빠르게 성장하는 기업에서 가장 극대화할 수 있다. 기업의 성장 속도가 빠른 경우, 개인에게도 도전적인 업무가 계속 쏟아지고 다양한 자리 또한 계속 만들어진다. 본인이 이를 잘 따라갈 수만 있다면 젊은 나이에도 압축된 경험과 성장을 경험할 수 있다(물론, 압축 성장의 부작용도 있다. 자기가 제일 잘났고 자기 방식이 최고라 여기는 젊고 교만한 리더들도 나타나게 된다). 나의 커리어도 돌이켜봐도 대기업 시절보다는 스타트업, 벤처 기업 시절 동안 가장 성장했다. 물론 그때 가장 힘들었다.

안정되거나 성장이 완만하거나 정체된 조직이나 기업에서는 운영상의 일이 많고 승진할 자리도 한정되어 있다. 이에 대개 개인의 성장 속도 또한 느리다. 도전적인 일은 신사업이나 혁신업무 등에 국한되어 있다.

그러니 당신의 나이가 젊고 빠른 성장을 원한다면 성장 속도가 빠른 국내외 기업에서의 직장 생활을 경험해보길 권고한다.

그런데, 이런 기회는 쉽게 주어지지 않는다. 빠르게 성장하다가 또 쉽게 망하기도 하기에 잘 분별해야 하고 위험도 감수해야 한다. 너무 빠르면 로켓이 올라가다 폭발하기도 하고 늦으면 이미 로켓에 자리가 꽉 차 있어 기회가 제한되기도 한다.

당신의 성장 속도가 정체되었고 기회도 별로 없는 듯 보이는 직장에 있다면 어떻게 해야할까? 이직이 능사는 아니다. 물론, 정년을 목표로 적당한 처신과 적응력으로 살아남으려는 선택을 할 수 있다. 특히, 안정된 대기업의 경우 이 옵션을 선택하는 분들도 많다.

그러나 지금 있는 곳에서도 성장 기회를 찾을 수 있다. 얼마 전 한 세무사를 만났다. 대기업 회계 부서에서 과장 정도까지 근무하다 창업한 사람이었다. 이런 말을 한다.

"저는 회사 입사 때부터 나중에 독립하겠다는 결심을 하며 일했습니다. 그래서 세무사 자격증을 땄고, 다른 사람들은 힘들다고 하기 싫어하지만 제 역량을 키울 수 있는 어렵고 다양한 일에 자원했습니다. 창업 후 닥칠 가장 어려운 경험을 회사에서 미리 다 실험해보자고 생각했죠. 선배들을 따라다니며 악착같이 배웠습니다. 회사에서 만나는 분들도 이후 잠재 고객이 될 사람이라고 생각하며 대했습니다. 그런데 그런 마음과 자세가 회사에 피해를 준 게 아니었습니다. 오히려 회사에서도 인정도 받고 상도 많이 타게 되더라고요. 이에 회사에서 나오기가 어려웠습니다."

예전에 컨설팅 업무를 할 때였다. 바쁘긴 했지만 비슷한 컨설팅의 반복으로 익숙했다. 나는 성장하는 느낌이 들지 않았다. 그 당시 IT 특정 영역의 컨설팅이었다. 이에 나는 내 컨설팅 수행에 굳이 필요는 없었지만, 컨설팅 대상 회사의 비즈니스 구조까지 파악해보자고 생각했다. 방법론도 조금씩 다른 방식으로 시도했다. 배운 레슨들을 기록해서 교육이나 제안에 활용했다. 이후 책으로도 냈다. 덕분에 고객사에 갈 때마다 새로운 도전이었고 나의 지식과 역량도 상승했다.

지루하거나 익숙하거나 편하다는 것은 자신의 성장이 정체되어 있음을 의미한다. 물론, 너무 성장에 매몰되거나 높은 목표로 인해 자신의 생활을 무너뜨리거나 스트레스로 지낼 필요는 없을 것이다. 그러나 약간의 텐션이 필요하다. 성장은 회사가 시켜주지 않는다. 조금 어려운 일, 해보지 않은 일에 도전하라. 회사에 출근하면 다음 영역을 찾아보시라.

도전할 만한 조금 더 어려운 업무는?

약간 더 큰 책임을 감당해볼 수 있는것은?

기존의 일도 다르게 해볼 수 있는 방법은?

내가 창업하거나 더 원하는 회사로 옮긴다고 하면 미리 여기에서 쌓을 역량과 시도해볼 일은?

이런 실험에 실패할 걱정은 크게 하지 마라. 회사는 창업보다 안전하다. 좋은 실험 장소다. 이런 텐션을 갖지 않으면? 어느새 시간은 훅 지나간다. 어느새 40대가 되고 50대가 된다.

2배 이상 성공하기 위해서 남들보다 2배 잘해야 하는 것은 아니다

어느 스타트업 CEO의 이야기다. "1등이 되려면 2등보다 2배는 잘해야겠죠? 그러려면 저와 직원들이 지금보다 2배 더 노력하고 에너지를 쏟아야 할 텐데 걱정입니다."

우리가 하는 일에는 두 종류가 있다. 남들과 경쟁할 필요 없이 절대 기준에 의해 수행하는 일이 있고, 또 하나는 남들과 경쟁해야 하는 일이 있다. 비교하지 말고 경쟁하지 말라고 말하는 사람이 많지만 입시, 스포츠 경기, 비즈니스 등은 다 후자에 해당한다. 자신이 절대적으로 잘하고 못하고는 중요하지 않다. 경쟁자와의 상대적 경쟁력에 따라 시장에서 승리자가 될 수도 있고 패배자가 될 수도 있다.

스위스 국제경영개발대학원IMD 필 로젠츠바이크 교수는 성과와 역량의 차이가 승리할 확률에 미치는 영향을 파악하기 위해 다음과 같은 모의실험을 했다. 퍼팅 성공률이 30%인 30명의 A 그룹과 40% 성공률인 30명의 B 그룹으로 나누고 몬테카를로 방법(많은 수의 랜덤 샘플을 평균화해 가치를 구하는 방법)을 통해 우승자가 나올 상황을 시뮬레이션했다. B 그룹은 A 그룹보다 10%p(33% 정도) 잘하는 정도인데 과연 승리의 차이는 얼마나 벌어졌을까?

그 결과 전자에서 우승자가 나올 확률은 4.4%였고, 후자에서 나올 확률은 86.5%였다. 나보다 퍼팅 성공률이 33% 정도 높은 경쟁자를 이길 가능성은 100번 중 네 번 정도밖에 안 된다는 의미다.

다음에는 30% 성공자 그룹과 33% 성공자 그룹을 비교했다. 그 결과 전자에서 우승자가 나올 확률은 20%, 후자에서 나올 확률은 55.5%였다. 실력은 3%p(10% 정도) 높을 뿐이지만 이길 확률은 3배 가까이 높아진다는 것이다.

이는 기업에서 우리 회사보다 10% 정도 실력 있는 경쟁자가 수주 확률이나 시장 장악력은 3배 이상 높을 수 있다는 것이다. 나보다 30% 정도 잘하는 경쟁자는 이기는 게 거의 불가능하다는 이야기다.

그러므로 시장점유율의 2배 차이는 실력의 2배 차이를 의미하는 것이 아니다. 10%의 실력 차만으로도 시장점유율은 2배 이상이 될 수 있다.

이 통찰에는 '굿 뉴스'가 있다. ① 나를 이기는 경쟁자의 실력이 나보다 엄청나게 뛰어난 것이 아니다. 약간 잘하는 것일 수 있다. ② 남들보다 조금만 더 잘해라. 그러면 상대방은 나를 '넘사벽'으로 느낄 수 있다.

상품과 서비스에서 약간의 고객 만족, 약간의 품질과 서비스 차이로도 큰 차이를 낼 수 있다. 2등보다 점유율이 2배 이상인 1등 기업이 2배의 실력을 지닌 것은 아니라는 것이다.

이 사실은 꼭 비즈니스에만 적용되지 않는다. 개인의 커리어, 승진, 경쟁 등도 비슷하다. 동료보다 뛰어나게 잘하는 사람이 승진하는 것이 아니다. 약간만 잘해도 차이가 커질 수 있다. 약간의 차이가 누적되면 이후 그 편차는 돌이키기 어렵다. 엄청나게 좋은 책이 베스트셀러가 되는 것도 아니고 엄청나게 좋은 곡이 인기 곡이 되는 것이 아니다. 대개 약간의 차이다. 그약간의 차이가 격차를 만든다.

예전에 밑바닥에서 크게 성공한 한 CEO가 쓴 책을 읽은 적이 있는데 책 제목이 참 멋졌다.《10미터만 더 뛰어봐!》였다.

태도

'근자감'은 커리어에
도움이 될까?

얼마 전 만난 어느 직장인이 이런 질문을 했다. "제 주위에는 과장하는 사람이 많습니다. 위험이 많은데도 이걸 성취할 수 있다고 자신 있게 말합니다. 저는 항상 안 될 가능성을 미리 이야기하며 보수적으로 말하고 목표도 보수적으로 설정합니다. 이렇게 하는 게 주위에 신뢰를 줄 수 있다고 여기는데 어떻게 생각하시는지요?"

자신감은 커리어에 도움이 될까? 안 될까? 자신감을 보이는 것이 좋을까? 아니면 겸손한 것이 좋을까?

심리학자 데이비드 더닝과 저스틴 크루거에 따르면 '약간 알 때' 자신감이 최고봉에 오른다. '우매함의 봉우리'라는 표현을 쓸 정도다. 그러다 지식을 쌓을수록 자신이 모르는 것이 많다는 사실을 깨닫게 된다. 이에 자신감이 점점 감소해 '절망의 계곡'을 거친다. 이러한 단계를 지난 후 더 실력을 쌓으면 자신감을 회복하게 된다. 그러므로 누군가 자신감이 강하다는 것은 둘 중 하나다. 어중간하게 알거나 정말 많이 알거나.

그런데 불행히도 누군가 자신감이 충만할 때 주위 사람들은 저 사람이 어중간하게 알면서 근거 없는 자신감을 보이는 것인지 아니면 정말 실력자라서 자신감이 있는 것인지 판단하기 어렵다. 특히 같이 일해보지 않거나 이를 분별할 수 있는 진짜 전문가가 아니라면 판단하기 어렵다. 주위 사람들은 '근자감(근거 없는 자신감)'이 뛰어난 이들을 정말 실력자라고 과대평가할 가능성이 더 높다. 그러다 보니 무능한데도 자신감이 넘치는 이들이 높은 자리를 차지하는 경우가 많다. 물론 근자감 탓에 허풍쟁이가 되어 신뢰를 잃을 수도 있다. 그러나 여러 연구에서 "자신감은 커리어에 대체로 유리하다"는 결과가 나왔다.

완전한 확신을 갖기 어려운 도전 과제에 대한 답변을 요구받는 경우가 있다. 이때 자신 있게 이야기하는 것이 좋을까? 아니면 안 될 수도 있다는 것을 미리 강조해 나중에 안 되었을 경우를 미리 대비하는 것이 좋을까?

심리학 연구에 따르면 그 일이 성공한 경우 전자가 훨씬 인정을 받는다고 한다. 그러면 만일 그 일이 실패한 경우는 어떨까? 흥미롭게도 이 경우도 전자가 더 인정받았다고 한다. 그러므로 결론은 가능한 한 자신 있게 답하는 것이 여러 가능성을 미리 다 재고 이야기하는 것보다 훨씬 나은 전략이라는 것이다.

현실적인 조언은 다음과 같다.

"유능하면 겸손하라. 유능하지 않으면 능력 있는 척하라. 능력 있는 척하지 못하면 자신 있는 척하라."

당신이 이미 잘난 걸 주위 사람이 다 안다면 겸손한 편이 낫지만 그렇지 않다면 자신을 드러내고 자신감을 보이는 것이 낫다는 것이다.

즉 자신이 강자라면 겸손이 좋지만, 약자라면 자신감을 보이는 편이 커리어에 나은 전략이다. 물론 그렇게 하기 싫다면 어쩔 수 없다. 선택은 당신에게 달려 있다.

왜 나보다 실력 없는
사람이 더 잘나갈까?

　　직장인은 보통 이런 고민을 한다. "왜 나보다 실력 없는 그 녀석이 나보다 빨리 승진하는지 이해할 수 없어요." "왜 그렇게 정치와 아부만 하는 무능한 분이 임원까지 되었는지 이해할 수 없어요."

　실력이란 '재능(역량) + 성과'다.

　나도 젊었을 때는 실력만 있으면 가만히 있어도 세상이 나를 인정한다고 여겼다. 그러나 시간이 지날수록 세상은 그렇게 돌아가지 않음을 알았다. 실력 없는 사람이 더 성공하고 실력이 부족한 사람이 채용되기도 한다. 실력 없는 창업가가 부자가 되고 아무 콘텐츠도 실력도 없는 정치인이 대중의 인기를 누리고 승승장구하기도 한다.

세상은 실력만으로 돌아가지 않는다. 그러면 나머지는 무엇일까? '운'일 수 있다. 그러면 '성공 = 운 + 실력'이라는 공식을 만들 수 있다. 그런데 실력이 아닌 나머지를 모두 운이라 치부하기는 어렵다.

일본 작가 후로무다는 《착각하게 하는 힘》에서 흥미로운 공식을 제시했는데, '성공 = 운 + 착각 자산 + 실력'이라는 것이다. 운의 영향도 물론 크지만 '착각 자산'이라는 요소의 영향이 매우 크다는 이야기다.

앞에서도 잠깐 언급했지만 인간의 뇌는 '휴리스틱'적으로 움직인다. 즉 객관적 사실을 곰곰이 따지기보다는 직관적으로 옳은 느낌에 근거해 판단하기를 좋아한다. 상대를 판단할 때도 한두 가지 요소로 전체를 판단하는 경향이 있다.

전체적으로 누군가를 유능하다고 착각하게 하는 자산이 바로 착각 자산이다. '인지되는 실력 = 착각 자산 + 실력'인 것이다. 똑같은 말을 해도 어떤 사람이 하면 환호하고, 어떤 사람이 하면 시큰둥하다. 똑같은 성과를 내도 어떤 사람이 하면 증폭되고 어떤 사람이 내면 평가절하된다. 실수를 하고 헛소리를 해도 어떤 사람은 참작이 되고 어떤 사람은 가차 없이 비난받는다. 이러한 뒷면에는 착각 자산이 있다.

착각 자산이란 그 사람을 전체적으로 유능 또는 무능하게 보는 요소다. 후광효과와도 같다. 우수한 학력, 유명한 기업 경력, 높은 사회적 위치, 과거 사람들의 기억에 남는 강렬한 성공 경험, 명성 같은 것들이다. 이런 것들은 무의식중에 상대를 전반적으로 높이 평가하게 하는 요소가 된다. 말로는 "나는 학벌 안 봐요. 경력 안 봐요"라고 외치지만 무의식은 그걸 다 고려하고 있다. 어쩌다 한번 큰 저항으로 당당히 맞서는 사람으로 인식되고, 어쩌다 한번 큰 사업 성공으로 평생 사업의 구루처럼 인식되고, 어쩌다 한번 큰 사건으로 선한 인물로 인식되는 것이 이런 이유 때문이다.

사람들은 몇 가지 강렬한 인상만으로 "누구는 유능해" "누구는 무능해" "누구는 정의로워" "누구는 충성도가 높아" 등으로 단정 짓는다. 착각 자산이 높으면 승승장구하기 쉽고 상승효과를 가져온다. 결국 가진 자가 더 가지고, 될 놈은 뭘 해도 될 가능성이 높은 것이 인간사다.

이런 인간 사회에서 성공하려면 자신의 본질적 실력 향상과 더불어 착각 자산을 높이는 노력 또한 필요하다. 그러면 어떻게 착각 자산을 높일까?

자신에게 영향을 미칠 수 있는 사람들에게 최대한 강렬하게 알려 이를 통해 긍정적 이미지로 떠오르는 사람이 되어야 한다. 학력, 경력을 쌓는 것도 방법이고 자신의 성공을 적극적으로 전파하고 보여주는 것도 방법이며, 조직이나 상사에 충성되고 신뢰할 수 있는 모습을 보이는 것도 방법이다. 자신감에 가득 찬 모습도 좋다.

굳이 이렇게 살고 싶지 않다고 해도 괜찮다. 어차피 선택의 문제이니. 단지, 인간의 심리가 이렇게 돌아감을 잘 알고 있어야 불공평하거나 부당한 듯 보이는 상황에 덜 불평하고 상황에 적절하게 대처할 수 있을 것이다.

불안이
성장을 가져온다

       치과 의사인 동생이 자신의 병원에 외국인이 종종 온다는 이야기를 했다. 외국인은 크게 두 그룹인데 한 그룹은 학원 영어 강사이고, 또 한 그룹은 돈을 벌기 위해 단기 취업 중인 외국인이라고 한다. 동생은 외국인에게 한국 온 지 얼마나 되었는지, 한국말을 얼마나 하는지 체크해보다가 흥미로운 사실을 발견했다고 한다.

  두 그룹 중 영어 강사 그룹은 3년 이상 한국에서 살아도 대부분 한국말을 거의 하지 못하는 반면, 다른 외국인은 2년 정도만 되면 한국말을 잘한단다. 왜 그런 차이를 보일까?

  영어 강사는 한국말을 전혀 하지 못해도 주위 사람들이 '갑'으로 알아서 모셔주니 한국어를 배울 필요를 느끼지 못한 것이다. 반면 한국에서 일하기 위해 온 외국인은 '을'로 살기에 한국 말을 배우는 데 분투할 수밖에 없었던 것이다.

이는 직장에서도 비슷하다. 대체로 을이 더 많이 배우고 성장한다. 물론 을 역시 타성에 젖기도 하지만, 대개 을은 감각을 잃으면 더 이상 고객이 찾지 않고 생존하기 어렵기 때문에 끊임없이 전문성과 역량을 기를 수밖에 없다.

물론 절대적인 갑이나 을은 없다. 대부분은 누군가에겐 갑이기도 하고 누군가에게는 을이기도 하다. 갑 회사처럼 보여도 을 부서가 있고 반대인 경우도 있다. 또 갑에게도 그 세계에 적합한 역량이 필요하고 애로가 있다. 열심히 배우고 성장하는 사람도 많다.

그뿐만 아니라 회사 내 위치에 따라서도 성장 속도가 다르다. 언제 자신의 성장 속도가 가장 빨랐는지 기억해보라. 대개 주니어일 때 성장 속도가 빠르다. 학습도 많이 한다. 왜일까? 불안하기 때문이다. 경험도, 지식도 부족하기에 자신의 역할을 제대로 할 수 있을까 염려한다.

그래서 더 배우려 하고 성장하려 한다. 그러나 시간이 지나고 직위가 높아질수록 마음이 편해져 성장의 열기가 감소한다. 과거 학습했던 내용과 적절한 소프트 스킬로도 충분히 기존 업무를 수행할 수 있기 때문이다. 따라서 새롭게 학습하지 않는 사람이 점점 생겨나게 된다. 성장 곡선이 정체되기 시작한다. 유명 인사 중 좋은 학벌과 경력, 그리고 명성을 지니고 있지만 안락함에 빠져 더 이상 공부하지 않아 과거에 습득한 지식을 재탕, 삼탕하는 사람도 종종 볼 수 있다.

결국 안락함은 치열함을 빼앗아간다. 그러므로 지금 너무 편안하고 아무 스트레스가 없다면 그것은 오히려 성장의 위기일 수도 있다. 자신이 무언가를 이루었다고 생각할 때, 자신의 마음이 편할 때 성장이 멈춘 것은 아닌지 의심할 필요가 있다.

너무 과해도 힘들겠지만 적절한 불안감, 위기감, 절실함, 스트레스가 사람을 더 건강하게 하며 더 배우고 성장하게 한다는 것은 과학적 연구 결과이기도 하다. 100세 시대, 너무 빨리 안락함에 빠져 성장을 멈춘다면 그것이 진짜 위기가 아닐까?

열정과 끈기가 없는 것이
축복일 수도 있다

어떤 사람이 이런 말을 했다. "저는 열정도 끈기도 별로 없어요. 의욕도 잘 안 생겨요. 원하는 것을 하라고 주위에서 조언하는데 제가 무엇을 원하는지도 잘 모르겠어요. 모든 일에 열정과 인내가 있는 사람들을 보면 제가 정말 한심하게 느껴져요. 제가 문제일까요?"

문제일 리 없다. 나도 그런데.

물론 매사 열정과 인내를 지닌 에너지 넘치는 사람들이 있다. 그런데 오랜 기간 많은 이들을 관찰하며 발견한 흥미로운 사실이 있다. 모든 것에 열정과 끈기가 없는 사람은 없다는 것이다. 좀비처럼 널브러져 있던 사람이 종교 단체에서는 열정적인 리더 역할을 한다든지 취미 동호회에서는 엄청난 열정과 인내를 보인다든지 하는 모습을 많이 보았다.

열정과 끈기가 없는 게 아니라 발휘할 영역을 찾지 못한 것뿐이다. 나도 대부분의 영역에서는 열정도 끈기도 없고 작심삼일이다. 그러나 어떤 환경이나 어떤 일에서는 에너지가 넘친다.

데이비드 엡스타인의 《늦깎이 천재들의 비밀》을 읽다가 나의 어렴풋한 생각을 명확하게 해주는 문구를 보고 무릎을 쳤다. "열정과 끈기가 있는지 묻는 대신 '언제' 그러한지 물어라. 누구나 적합한 맥락에 놓이면 열심히 일한다."

찰스 다윈은 부모님의 강권에 의사가 되려 했으나 지루한 강의와 수술실이 싫어 결국 뛰쳐나왔다. 이후 다시 부모님의 권고로 성직자가 되려 했으나 역시 열정이 생기지 않았다. 이때 그는 식물학 강의에 흥미를 느꼈다. 이어 교수의 권유로 승선한 비글호에서 결국 다윈은 자신의 인생과 세상을 바꾸었다. 그가 매사 약간의 열정과 끈기가 있는 사람이었다면 싫어하는 의학도 끝내긴 했을 것이다. 그러고는 그저 그런 의사로 살다 죽었을 가능성이 높다.

뭐든지 열정과 끈기가 있는 게 반드시 좋다고 하기 어렵다. 그러면 자신이 정말 좋아하고 잘하는 일을 하지 못할 수 있다. 어려서부터 공부 잘하고 모범생인 사람 중에 이런 경우가 많다. 오히려 다윈같이 분명한 사람이 자신의 영역을 찾는다. 애니 듀크의 책 《큇QUIT》에서도 버티면서 올라가는 것은 미덕이 아니라고 말한다.

그러므로 자신이 열정과 끈기가 없다고 실망할 필요 없다. 뇌에 문제가 없는 한 모든 영역에 무기력한 사람은 없다. 진짜 좋아하고 잘하는 것을 찾아 자신도 행복하고 세상에도 좋은 영향을 줄 수 있다.

어떻게 이런 영역을 찾을까? 이것저것 해보는 수밖에 없다. 많은 자기계발서는 자신을 알고 진짜 원하는 것을 먼저 정하라고 이야기한다. 그러나 불행히도 내가 누구인지, 무엇을 잘하고 무엇을 원하는지 알기 어렵다. 방법은 무엇일까? 다양하게 행동해보는 것이다. 고민할 시간에 이것저것 시도하고 다양한 사람을 만나며 자신의 가능성을 찾아가는 것이다. 그러면서 자신이 열정을 발휘하면서도 성과를 올릴 수 있는 맥락과 영역을 찾아나가야 한다.

인생이 짧기도 하지만 길기도 하니 너무 조바심 낼 필요 없다. 너무 빨리 자신의 영역을 규정하거나 자신의 강점과 원함을 한계 지을 필요도 없다. 뭐가 있을지 모른다. 젊을수록 유리하다.

방송인 이영자 씨 이야기를 들었다. 그녀는 지방에서 연극 배우를 했는데 돈도 못 벌고 두각을 나타내지 못했다. 그러다 돈을 벌려고 밤에 아르바이트로 나이트클럽에서 사회를 봤는데 대박이 났다. 사람들을 웃기고 몰입하게 만들었던 것이다.

이후 널리 알려져서 공중파로 진출하게 된다. 그녀는 자신의 진짜 재능을 발견했던 것이다. 다양하게 행동하다 보면 자신이 좋아하면서도 잘하는 '스윗 스폿 sweet spot'을 찾을 가능성이 높다.

작은 일에 성실하면
운이 찾아올 가능성이 높다

한 디자인/UX 벤처 기업의 CEO를 만났다. 고객사에서 2,000만 원짜리 소규모의, 그것도 짧은 기간에 고품질을 요구하는 프로젝트를 원했다고 한다. 그녀는 고민하다가 이를 받아들였는데 이왕 할 것이라면 잘하자고 결심했다고 한다. 규모가 작지만 고객이 원하는 품질을 맞추기 위해 최선을 다했다.

그러고는 그 프로젝트가 끝나고 다른 프로젝트를 찾으려는데 같은 고객사에서 연락이 왔다고 한다. "지난번 프로젝트는 시범 프로젝트였습니다. 너무 잘해주셔서 감사합니다. 본 프로젝트를 진행하고자 하는데 제안해주시겠습니까?"

본 프로젝트의 규모는 엄청났다고 한다. '우리 같은 회사가 감히 그런 프로젝트를 할 수 있을까?' 하는 두려움이 있었지만 고객사에서 아낌없이 격려해주었다고 한다. 이후 드디어 큰 회사들을 이기고 창사 이래 규모가 가장 큰 프로젝트를 수주했다.

나중에 들은 고객사의 말이다. "우리가 2,000만 원짜리 프로젝트를 하려 하자 다른 회사들은 다 이런저런 이유로 거절했습니다. 그런데 대표님의 회사는 기꺼이 하겠다고 할 뿐 아니라 너무 훌륭히 잘해주었습니다. 대표님의 회사는 규모가 작았지만 신뢰할 수 있었습니다."

내가 과거 어느 회사의 사업본부장으로 일할 때 5~6위 정도의 사업 조직을 1등으로 만든 비결도 바로 이것이었다. 어차피 후발 주자였기에 큰 프로젝트는 수주할 수 없었다. 남들이 별로 하지 않고 꺼리는 프로젝트나 작은 프로젝트, 저가 프로젝트를 주로 할 수밖에 없었다. 그럼에도 성실하게 최선을 다했다. 그러자 소문이 나기 시작했고 고객들은 우리를 신뢰하며 더 큰 프로젝트를 맡겼다.

작은 일이라고 하찮게 여기는 이들이 있다. "내가 이런 일을 해야 한다고? 내가 이러려고 ××대학 나왔나? 돈 주는 만큼만 해야지." 대부분은 하찮아 보이는 일을 하찮게 한다. 그러나 하찮아 보이는 일도 가치 있게 만드는 소수의 사람이 있다. 스펙 좋은 사람이 인재가 아니라 그런 사람이 바로 인재다.

한 회사 대표가 이런 말을 했다. "요즘 세대에서는 성실이나 열심이 더 이상 성공 비결이 아닌 듯합니다. 그런 친구들을 보기 어려워요." 나는 이렇게 말했다. "저는 오히려 반대로 생각합니다." 그랬더니 "무슨 말씀이신지요?"라는 물음이 돌아왔다.

"오히려 이전 세대에서 성실이나 열심이 성공 비결이 아니었죠. 이전 세대는 대부분 열심이었고 성실했기 때문입니다. 우리 나이 또래에 성실과 열심이 없는 사람들은 많지 않았습니다. 기업에서도 입사하면 임원까지 되고자 하는 직원이 대부분이었죠. 그렇기에 성실이나 열심이 차별화 요소가 아니었습니다. 그런데 지금은 젊은 친구들이 성실이나 열심을 중요하게 여기지 않죠. 임원이 되길 희망하는 직원의 비율도 점점 낮아지고요. 저는 개인의 삶을 중시한다는 면에서 좋은 변화라 봅니다. 그런데 오히려 성공하기 쉬워졌어요. 조금만 성실하고 열심히 하면 눈에 띄거든요. 저는 제 자녀에게도 이런 논리를 이야기했더니 이해하더군요."

그 대표는 무릎을 치며 말했다. "맞습니다. 요즘은 조금만 성실하고 열심히 해도 눈에 띄고 잘해주고 싶더군요."

당신이 능력이나 경험이 아직 그리 뛰어나지 않다면? 성실과 열심으로 무장하라. 구시대 꼰대의 가치라고 폄하하지 말라. 그것이 당신을 차별화해줄 것이다. 성실과 열심이 이 세대에 환영받지 못하기에 오히려 상대적으로 그 태도가 더욱 빛난다는 것을 기억하라.

포기할 필요도 있다

넥슨의 전前 임원 김상범이라는 분의 인
터뷰를 읽었다. 프로그래밍 천재라는 이야기를 들으며 카이스
트 전산학과 대학원에 입학했지만 졸업 논문을 쓰지 못해 학위
를 받지 못했다고 한다. 그는 모든 것을 빠르게 잘했지만 하나
를 끈질기게 물고 늘어지는 스타일이 아니었다. "저는 늘 산만
하다는 이야기를 들었어요. 박사 공부를 할 때 재능이 없다는
것을 알았습니다." 뭐든 빨리 잘하는 것과 하나를 끈질기게 물
고 늘어져 경지에 이르는 것은 전혀 다른 영역이었다. 이에 그
는 포기하고 넥슨으로 가서 게임을 개발하면서 넥슨 주식으로
큰 부자가 된 후 창업 투자자의 길을 걸었다.

어렸을 때부터 총명하고 공부도 잘했던 아마존의 제프 베이

조스는 물리학자의 꿈을 꾸며 프린스턴대학교에 들어갔다. 그런데 자신은 며칠간 끙끙대던 문제를 한 학우가 과거 풀어본 적이 없음에도 척 보고 답을 내는 것을 보고 충격을 받았다. 자신은 최고의 물리학자가 될 수 없음을 깨닫고 물리학을 포기하고 전공을 컴퓨터 공학으로 바꾸어 금융회사를 거친 뒤 사업을 시작한다.

'포기하지 마라'는 우리가 많이 듣는 교훈 중 하나다. 수많은 난관에도 포기하지 않고 우뚝 선 사람들을 보면서 우리는 다시금 굳은 결심을 하며 지겹고 힘든 길을 계속 가기도 한다. 물론 그 덕분에 성공하기도 한다. 성공한 사람들이 강조하는 핵심 중 하나가 바로 '포기하지 마라'인 것은 사실이다. 일정 기간 포기하지 않고 축적하는 것은 성공에 가장 큰 기반이 된다. 분명한 비전과 미션이 있다면 어떤 한계상황에서도 포기하지 않고 전진할 필요가 있다는 것이다. 그러나 그렇지 않음에도 포기하지 않는 것은 그냥 '관성'일 수 있다.

베이조스는 포기를 통해 큰 성공을 거두었다. 그가 포기하지 않고 물리학을 계속했어도 성공했을지 모른다. 그러나 같은 노력이라면 덜 재능 있는 영역을 포기하고 더 재능 있는 곳에 노력을 쏟아붓는 것이 더 나은 전략이다.

코닥은 아날로그 필름을 포기하지 않아서 망했고, 노키아도 잘나가는 휴대폰 사업을 포기하지 않아서 망했다. 워드프로세스가 본격적으로 사용될 때 타이프라이터는 아무리 유능해도 망했고, 자동차가 본격적으로 사용될 때 아무리 유능한 마부라도 망했다.

물론 자신의 미션과 비전, 뜻이 분명할 때, 정말로 자신이 하고 싶은 것을 찾았을 때는 포기하지 않고 실패해도 일어서야 한다. 그러나 때로 '포기하는 것'도 필요하다. 어떨 때 포기해야 할까? 자신의 재능을 더 잘 발휘할 수 있는 영역이 있다면 재능이 부족한 영역을 포기할 수 있다. 새로운 변화의 물결이 있다면 설령 익숙하고 잘해왔던 영역이라도 포기하고 새로운 물결에 몸을 실을 필요가 있다. 앞으로도 발전할 희망이 없다면 매몰 비용에 연연하지 않고 포기한다.

여러분은 무엇을 포기할 것인가?

자신의 맹점을 보려면?
: 똑똑하고 잘나갈수록
누군가가 필요하다

여러 곳에 이력서를 냈지만 거절당한 사연과 함께 내 책으로 용기를 얻었다고 하는 메시지를 보낸 사람이 있었다. 아직도 구직 중인 듯해서 짧게 답신을 했다. "고려하셨겠지만, 이력서를 넣을 때 그 회사에 내가 어떤 가치를 줄 수 있을지 구체적으로 제시하면 좋을 것입니다. 이력서도 상품을 파는 것이라 생각하고 쓰십시오." 그 사람은 자신이 MD로서 수많은 상품을 팔아봤는데, 자신과 자신의 이력서가 상품이라는 생각을 단 한 번도 해본 적이 없다고 했다.

또 얼마 전 좋은 글을 많이 쓰는 사람을 만났다. 그의 고민을 듣고 사실과 해석의 구분에 대해 말해주었다. 그랬더니 그는 "아, 제가 다른 분들을 도우면서 이야기하고 페이스북에도 종종 썼던 내용인데 막상 저에게는 적용하지 못했군요"라고 말했다. 그리고 실천에 옮겼다.

다른 사람을 잘 돕는 훌륭한 교사, 목사, 코치, 교수, 사업가나 심리 상담가가 막상 자신의 가족에게는 존경받지 못하거나 자신의 이슈에는 자신이 가르치는 방법론을 적용하지 못하는 경우가 많다. 나도 예외는 아니다.

왜일까? 누구든 자신을 객관적으로 보기 어렵기 때문이다. 더 잘나고 똑똑하다고 여길수록 자신을 제대로 보기 더 어렵다. 그러면 어떻게 해결할 수 있을까? 스스로를 성찰하는 수련도 도움이 되지만 그보다 타인의 도움이 필요하다. 생각해보라. 거울의 도움 없이 자신의 얼굴을 볼 수 있는 사람이 있을까?

가끔 젊고 뛰어나고 어느 정도 성공한 사람 중 이런 말을 하는 경우가 있다. "성공한 분을 여럿 만나보니 이제 제가 배울만한 분이 많지 않습니다. 요즘 코칭이 유행인 듯한데 저보다 사업도 못하고 돈도 잘 못 버는 코치에게 제가 무슨 도움을 받을 수 있을까요?"

코치나 멘토는 경영 기법을 가르쳐주는 사람이 아니다. 물론 경험 많은 멘토는 조언도 할 수 있겠지만, 그들의 가장 중요한 역할은 당신의 잠재성뿐 아니라 당신의 얼굴과 맹점을 보게 해주는 것이다.

당신의 얼굴을 보여주고 맹점을 깨우쳐주는 사람은 잘난 사람일 필요 없다. 나를 제일 성찰하게 만드는 이는 나의 아이들이다. 아이들은 내게 아부할 줄 모른다. 나에 대해 과도하게 솔직하게 말해서 잘난 척하던 나를 겸허하게 만든다. 물론 거칠게 말하는 사람보다 지혜롭고 훈련받은 사람이 훨씬 더 도움이 된다.

당신이 아무리 잘나고 똑똑해도 누군가가 필요하다. 잘나갈수록 자신의 모습을 비춰줄 누군가가 더더욱 필요하다. 그렇지 않으면 독선적이고 오만해진다. 잘나가다가도 한 방에 간다. 지혜롭고 진실한 이를 옆에 두어라.

피드백은 성과 향상에
반드시 도움이 될까?

　　　　요즘 조직에서 '피드백'이 유행이다. 과거와 달리 많은 리더가 구성원들에게 적극적으로 피드백을 하려 하고, 피드백을 다룬 책도 여럿 출간되고 있다. 많은 기업에서 리더에게 피드백을 주는 방법에 대해 교육한다. 특히 즉각적이고 많은 피드백을 원하는 젊은 세대 구성원을 위해 기업에서 이러한 노력을 기울이는 것은 긍정적이다.

　　그런데 피드백은 성과 향상에 반드시 도움이 될까. 영화감독 쿠엔틴 타란티노는 처음 영화 대본을 썼을 때 이런 피드백을 받았다. "쓰레기 같은 글이다." 영화배우 케이트 윈즐릿은 젊었을 때 영화 제작자들에게 이런 피드백을 받았다. "뚱뚱한 역이나 어울리고 좋은 배우가 못 될 것이다." 그들은 공통적으로 성공 비결 중 하나가 이와 같은 피드백을 무시하는 것이었다고 말한다.

실제로 한 심리학자가 심리학회의 피드백 연구 600건을 분석한 결과, 도움이 되는 피드백도 있지만 3분의 1은 성과를 떨어뜨리는 것으로 나타났다. 상당수의 피드백은 무가치하며 해롭기까지 하다는 것을 발견했다.

성과와 동기를 떨어뜨리는 피드백은 무엇일까. 바로 '평가'에 초점을 맞추는 피드백이다. 반면 도움이 되는 피드백의 특징은 '개선 방안'에 초점을 맞춘다. 비난이 아니라 구체적이고 명확하게 무언가를 개선하라는 피드백이 필요하다는 것이다.

한 리더가 이렇게 질문했다. "업무를 마친 뒤 팀 전체 구성원에게 교훈을 배울 수 있도록 하려면 어떻게 피드백하면 좋을까요?" 미국 특수부대 네이비실Navy SEAL의 피드백 시스템을 참고하면 좋다. 네이비실은 임무를 완수한 뒤 구성원들이 돌아가며 세 가지 질문에 대해 답을 나눈다. '잘된 일은?' '잘 안된 일은?' '다음엔 어떤 부분을 다르게 할 것인가?'이다. 이 피드백 시스템은 사람에게 초점을 맞추지 않는다. 특정인의 잘잘못에 초점을 맞추면 비난이 된다. 비난받은 사람은 당연히 방어적이 된다. 이러면 팀이 배운 내용이 없고 팀워크가 깨지게 된다. 그러므로 냉정하게 일을 바라보며 '다음에 어떻게 개선할지'에 초점을 맞춰야 한다.

내가 맡은 산업은 수주 산업이다. 매일 수주와 실주失注(수주를 놓침)의 스트레스 속에 산다. 나는 사업 책임을 맡은 이후 실주 보고를 변화시켰다. 관찰해보니 실주 보고서를 만들고 상사에게 보고하면서 팀워크가 깨지는 것을 발견했기 때문이다. 영업 팀은 제안 팀이 제안을 못해서 실주했다고 하고, 제안 팀은 영업 팀이 영업을 못해서라고 하며 서로를 비난한다. 오히려 팀워크가 깨지는 것이다.

이에 '실주했을 때 무엇을 배웠는지?' '다음에는 어떤 부분을 다르게 할 것인지?' 등에만 초점을 맞춰 정리하고, 상사에게 구구절절 누군가의 잘잘못에 대한 사유를 보고하지 말라고 했다. 그랬더니 팀워크가 살아났다. 사실 실주하면 제안 팀이 가장 큰 충격을 받고 다음엔 수주에 성공할 수 있게 투지를 불태운다. 그런데 상사에게 사유 보고서를 쓰면 이러한 투지가 사라지고 책임을 서로에게 돌리게 된다.

피드백의 초점은 '어떻게 더 나아질 것인지'에 맞춰야 한다. 미래지향적이어야 한다는 뜻이다. 평가, 판단, 정죄 등 과거지향적인 것은 개인과 팀워크를 깰 위험이 있음을 기억할 필요가 있다.

번아웃 예방법

젊은 직장인들과 이야기를 해보면 의외로 이런 질문을 많이 받는다. "번아웃 burnout을 어떻게 극복하나요?" "번아웃을 어떻게 예방하나요?"

어떤 영상에서 이런 말을 하는 사람을 보았다. "식당에서 소고기를 시켰는데 닭고기가 나와요. 그러면 어떻게 하나요? 나는 그냥 먹어요. 또, 차도에서 누군가 끼어들며, 그냥 가게 하죠. 괜시리 별 것 아닌 것에 에너지를 쓰고 싶지 않으니까요. 그런 것에 분노하고 에너지를 쓰다 보면 막상 에너지를 써야 할 곳에 쓰지 못합니다."

그 영상을 보며 매우 공감했다. 나도 딱 그러하다. 메뉴가 잘못 나와도 그냥 먹는다(대신 그 식당에 두 번 다시 가지 않는다). 운전을 하다 누가 끼어들면 그냥 가게 한다. 옷을 사러 가도 처음 들른 가게에서 그냥 산다. 옷도 비슷한 것을 입으니 선택에 고민이 없다. 머리도 아무 곳에서나 한다. 미용사가 "어떻게 해드릴까요?"라고 물으면 딱 한마디만 한다. "보통으로요."

사람들의 하소연이나 부정적인 이야기를 들어야 할 때는 (공감하는 척하지만) 핵심만 듣고 대부분은 한 귀로 듣고 다른 귀로 흘린다. 소셜미디어에서 시비를 거는 사람과는 싸우지 않는다. 사소한 일에는 열 내지 않고 그러려니 하고 지나간다. 가끔은 조금 손해 보는 것을 택한다.

그렇다고 매사에 그런 것은 아니다. 일은 대충 하지 않고 철저하게 한다. 중요한 사안에는 매우 집중하고, 따지고, 주장한다. 내가 왜 그러는지 이유를 생각해보진 않았는데, 그 영상을 보니 알 것 같았다. 에너지를 아끼려 한 것이다.

사람마다 가진 에너지의 크기는 다르지만, 에너지의 총량이 한정되어 있다는 것은 분명하다. 그 에너지를 다 쓰면 '번아웃'이 온다. 그러니 번아웃을 예방하려면 어떻게 해야 할까?

1. 웬만한 데에 에너지를 쓰지 않고 아낀다.

2. 에너지를 빼앗아가는 사람이나 환경을 멀리하거나 그에 대해 둔감해진다.

3. 에너지를 주는 환경에 자신을 놓아 에너지를 충전한다. 휴식, 음악, 영화, 야외활동, 독서, 걷기, 모임, 명상, 수다 등 사

람마다 다르다.

만사에 예민하고 완벽하게 대응하려면 에너지가 엄청나게 든다. 사사건건 시비를 가리려다 보면 필요한 에너지를 감당할 수 없다. 그러다 보면 번아웃이 오기 쉽다. 에너지를 뺏는 사람들과 시간을 보내면 위험하다. 불평불만과 화가 많은 사람들은 스스로도 에너지가 쉽게 고갈되고 주위의 에너지도 빼앗는다. 그러므로 불평, 불만, 다툼, 사소한 일에 에너지를 가능하면 쓰지 않는다. 물론 불만과 분노가 필요할 때도 있다. 그것이 있어야 조직과 사회를 변혁시킬 수 있다. 단지, 소소한 일에 분노하지 않는 것이다.

그러므로 번아웃 없이 필요한 때 몰입하고 사람들과도 좋은 관계를 가지려면 평소 에너지를 잘 관리해야 한다. 불필요한 곳에 에너지 사용을 절제하고, 좀 둔감하게 굴거나 대충 한다. 매사 시니컬하고 염세적이거나 불평불만이 가득해, 툭하면 분노하고 우리에게 남아 있는 작은 열정마저 무너뜨리는 에너지 흡혈귀를 주의하라. 그들과 헤어지는 것이 제일 좋고, 만나도 한 귀로 듣고 한 귀로 흘리는 연습을 한다.

에너지를 주는 사람과 환경을 조성한다. 에너지를 받는 글을 읽고 자신만의 에너지 충전 활동을 한다. 같이 있으면 의욕이 생기고 살아 있는 느낌이 드는 사람과 함께하라. 그리고 항상 에너지의 일정 버퍼를 유지한다.

이 비축한 에너지를 (일에만 쏟지 말고) 자신의 삶에서 의미 있고 중요한 것에 쏟는다. 특히, 에너지 총량이 적은 사람은 의도적으로 이를 관리해야 한다.

여유도 역량이다

뭐든지 열심히 하고 완벽히 이기려는 후배가 있다. 그는 항상 일찍 출근하고 늦게 퇴근했다. 덕분에 모 그룹에서 최연소 임원을 하고 있다. 그에게 일부러 충격을 주려고 이런 말을 했다. "지금처럼 하면 그 위로 가긴 어렵거나 건강 문제로 고생한다." 그랬더니 그는 충격을 받은 듯했다. 나는 이렇게 덧붙였다. "단기 실적에만 급급하지 않는 현명한 상사라면 어떻게 당신 같은 사람에게 더 큰 역할을 맡기겠는가? 지금도 100% 풀로 열심히 하고 있는데. 더 큰일을 주면 너무 힘들고 감당하지 못할 것 같은데. 직원들도 힘들 텐데. 약간의 여유가 있어야 더 큰일을 맡길 수 있지 않겠는가!"

물론 겉으로는 열심히 하는 것처럼 보여야 한다. 여유를 가지면 노는 것처럼 보여 오해를 받을 수 있다. 그러나 실제로 10~20% 정도의 여유를 가질 필요가 있다. 미래도 고민하고 트렌드나 시각을 넓힐 수 있는 책을 읽거나 사람도 만나고 딴생각을 하는 등 여유를 활용하는 것이 필요하다.

턴 어라운드가 필요하다든지 새로운 조직을 맡은 초기에는 당연히 물리적인 시간을 많이 사용할 수밖에 없다. 그러나 매사 과도하게 일하는 것은 위험하다. 빡빡하게 사는 것이, 낭비 없이 사는 것이 훌륭한 삶 같지만 그러면 더 큰일, 긴급한 상황이 닥쳤을 때 대응할 여지가 없다. 특히 매사에 열심이고 완벽하려 하며 여유를 가지면 죄책감을 느끼는 사람은 기억할 필요가 있다. 조금은 딴 일도 하고 공백을 만들어도 좋다. 느슨함slack이 필요하다.

요즘은 수평적 조직이 활성화되면서 개방된 사무실이 보편화되었다. 이러한 것도 분명 장점이 있지만 어느 정도는 독립된 공간에서 독립된 시간을 가지는 것이 필요하다. 일정 시간 별도 공간에서 자신의 일을 정리해보기도 하고 새로운 구상을 하거나 몰입하는 것이 필요하다. 고객이나 분야가 다른 사람을 만나 이야기를 듣는 것도 좋다.

예전에 잠시 미국 유학을 했던 서장훈이 이런 말을 했다. "내가 미국 가면 한국 농구계가 난리가 나겠지 하는 생각을 했는데 한국 농구계에 아무런 지장도 없고 팬들은 금방 나를 잊더군요."

많은 사람이 자신이 없으면 회사가 잘 돌아가지 않는다고 오해하며 모든 것을 밤낮없이 챙긴다. 회사가 작을 때는 맞는 말이긴 하다. 그러나 기업의 규모가 커지면 커질수록 해당되지 않는다. 특히 리더들은 자신이 주도적으로 열심히 하는 것은 좋으나 자신이 없으면 조직이 돌아가지 않을 테니 다 챙겨야 한다는 생각은 자신도 구성원도 힘들게 한다. 퇴임 통보 전까지 이런 생각으로 정신없이 보내다가 통보를 받고 망연자실하던 임원도 기억난다.

그러므로 리더든 직원이든 강약을 조절할 필요가 있다. 현재 운영 업무에 매몰되지 마라. 약간의 여유를 가지고 건강도 관리하고 전략적인 부분, 자신만의 차별화, 몇 수 뒤의 포석 등에 일부 시간을 써라. 그것이 자신도 구성원도 회사도 윈-윈하는 비결이다.

단정하지 않고
확률적으로 보라
: 더닝-크루거 효과

나이가 들수록, 경험을 많이 할수록, 공부를 더 할수록 무언가를 단정적으로 말하는 것에 두려움을 느낀다. 내가 평생 해온 경영이나 리더십, IT 등 전문 분야일수록 더더욱 그렇다. 오랜 연구를 해온 훌륭한 교수님들은 나보다 더 조심스럽다. 과학적으로 증명되지 않은 이상 단정하지 않는다. 그래서 나는 '이게 맞다' '진실이다'라는 표현보다 '가능성이 높다'라는 표현을 더 많이 쓰게 된다.

사실 이공계가 아닌 분야는 거의 모두가 확률적이다. 심지어 이공계 영역에서도 수식으로 딱 떨어지지 않는 확률적 영역이 늘어나고 있다. 현실에는 맞고 틀림이 아니라 확률적으로 더 높거나 낮은 선택이 있다.

흥미롭게도 SNS나 유튜브, 책을 보다 보면 단정적으로 말하며 인기를 끄는 사람들이 많은 것을 알 수 있다. 경영이나 재테크, 경제, 사회의 심판관이나 도사 역할을 하며 자신이 통달한 것처럼 말한다. 순진하고 어려움에 빠진 사람들을 모아놓고 이건 맞고 이건 틀리고 하며 교주나 선생 노릇을 하는 이들도 있다. 이런 방식은 때로 도움이 될 수 있으나 추종하다가는 낭패를 볼 수 있음을 기억할 필요가 있다. 우리는 사이비 종교에 빠지는 사람들을 한심하게 보지만 사이비 종교도 처음에는 어려울 때 가치를 준다. 이후 점점 이것만이 진리라고 세뇌하며 착취한다.

그런데 연구에 따르면 사람들은 균형이나 확률보다 '단정'을 더 좋아한다. 주식을 생각해보라. 일반인은 대개 "복잡한 설명 말고 오를 주식이나 찍어줘"라는 식으로 말한다. "오를 확률이 70%지만 떨어질 확률도 30%야" 또는 "이런 전망은 있지만 단기적 가격 예측은 어려워"라고 말하는 전문가보다 "이거 오르니 무조건 사라"라고 말하는 사람을 더 좋아한다. 그러니 사기꾼과 도사가 득세하는 것이다. 이런 방식이 꼭 틀린 것은 아니다. 이렇게 해서 여러 번 적중하기도 한다. 이러니 사람들이 꼬이는 것이다. 그러나 계속되는 행운은 확률적으로 거의 불가능함을 과학은 우리에게 알려주고 있다.

사실 요즘 같은 시대에는 멀쩡한 사람도 흑화될 위험이 높다. 정말 합리적인 사람인데도 유튜브 조회 수에 목숨을 걸기도 하고, 유튜버들이 모이면 조회 수가 제일 많은 사람이 칭송받고 권위를 자랑하기도 한다. 이런 상황이니 '누구나 100억 버는 비법' '한 달 만에 100% 수익을 내는 주식' '누구나 100억 사업체 만들 수 있다' '신사업 100% 성공 비결' '100만 조회 수 찍는 법' '완벽한 리더십' 같은 제목을 남발한다. 자극적이지 않으면 사람들이 잘 찾지 않으니 말이다. 이런 대단한 제목을 보면 경탄을 금하지 못할 때가 많다.

이런 말을 하는 나는 예외일까? 그럴 리 없다. 나도 그럴 때가 종종 있다. 사람들은 단정을 좋아하기 때문이다. 나 또한 사람들의 주의를 끌기 위해 확신 있게 말하곤 한다. 때로 교주가 되고 선생이 되고자 하는 유혹도 있다. 그러기에 주의한다. 뭔가를 옳고 그름, 진실과 거짓, 100% 맞는다는 식으로 단정하는 말은 믿지 마라.

어느 정도의 확신과 자신감은 필요하다. 자신감이 부족하면 더 높은 위치에 오르거나 영향력을 행사하는 데 불리하다. 자신감이 강한 사람이 권력을 쥘 확률이 더 높다는 것은 연구 결과로도 증명되었다. 자신감이 부족한 사람들이 겁먹고 두려워하는 동안 오만하고 자신감 넘치는 이들이 권력을 차지하며 그들을 지배한다. "강한 자가 자신을 낮추는 것을 겸손이라 하고, 약한 자가 자신을 낮추는 것은 비굴이라 부른다"는 말이 있다. 겸손이란 성공한 후 선택할 수 있는 사치스러운 덕목인 경우가 많다. 그러나 이 또한 선을 넘으면 흑화되거나 한 방에 무너질

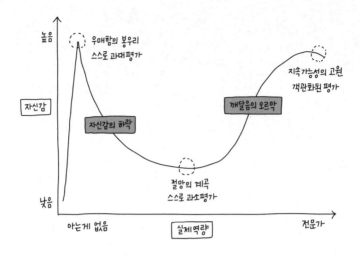

위험이 있다는 것이다.

능력 없는 사람이 자신을 과대평가하는 현상을 말하는 더닝-크루거 효과Dunning–Kruger Effect는 진실일 가능성이 높다. 강한 확신을 지닌 사람은 고행길을 거친 현자일 수도 있으나 한두 번의 운이 따른 성공이나 어쭙잖은 지식으로 자신감만 충만한 멍청한 사람일 가능성 또한 높다.

CONNECTING